Anselm Grün

Der Verwandlung trauen

Wie unser Leben heil wird

MATTHIAS-GRÜNEWALD-VERLAG

Neuausgabe von:
Verwandlung. Eine vergessene Dimension
geistlichen Lebens

Der Matthias-Grünewald-Verlag
ist Mitglied
der Verlagsgruppe engagement

2. Auflage der Neuausgabe 2009

www.gruenewaldverlag.de

Umschlaggestaltung: Finken & Bumiller, Stuttgart
Umschlagabbildung: © Kerstin Rößler
Gesamtherstellung: Matthias-Grünewald-Verlag, Ostfildern
ISBN 978-3-7867-2647-0

Inhalt

Zur Einführung einer Eucharistiefeier sagte ich neulich etwas über das Geheimnis der Verwandlung, das wir in jeder Messe feiern und das unseren Weg der Selbstwerdung prägt. An der Reaktion einiger Teilnehmer merkte ich, dass ich ihnen damit aus dem Herzen gesprochen hatte. Ich hatte versucht zu erklären, dass Verwandeln etwas anderes sei als Verändern, dass im Verändern etwas Gewaltsames stecke, Verwandeln dagegen wesentlich sanfter sei. Wenn wir meinen, wir müssten uns ständig ändern und verändern, dann stecke die Haltung dahinter, wir seien so, wie wir sind, nicht gut, wir müssten uns anders machen, einen andern aus uns formen. Verwandeln dagegen bedeute, dass alles in mir sein darf, dass alles gut ist und einen Sinn hat, dass meine Leidenschaften und Krankheiten einen Sinn haben, auch wenn sie mich manchmal tyrannisieren. Verwandlung meint, dass das Eigentliche durchbrechen soll durch das Uneigentliche, das Echte durch den Schein. Meine Leidenschaften und Krankheiten schreien immer nach einem wertvollen Gut, sie möchten mich darauf hinweisen, dass da etwas in mir leben möchte, was ich noch nicht zugelassen habe. Wenn sie verwandelt werden, dann finde ich gerade in meiner Leidenschaft und in meiner Krankheit eine neue Lebensqualität, eine neue Lebendigkeit und Echtheit. In jeder Eucharistie feiern wir die Verwandlung unseres Lebens. Wir halten in den Gaben von Brot und Wein uns selbst Gott hin mit unserer Zerrissenheit, mit allem, was uns aufreibt und zerreibt, mit unseren Gedanken und Gefühlen, mit unseren Bedürfnissen und Leidenschaften, mit dem Bewussten und Unbewussten. Und wir vertrauen darauf, dass Gott unsere Gaben annimmt und verwandelt, dass durch die vielen Eucharistiefeiern hindurch doch

unmerklich etwas in uns verwandelt wird, so wie der Sauerteig den ganzen Trog Mehl durchdringt und in etwas Schmackhaftes und Essbares umwandelt.
Die Teilnehmer an dieser Eucharistiefeier waren Priester und Ordensleute, die in unserem Recollectiohaus geistliche Vertiefung und therapeutische Begleitung suchten. Sie waren alle mit großem Ernst dabei, an sich zu arbeiten und Strategien des Sichänderns zu entwickeln. Da war die Botschaft von der Verwandlung statt von der Veränderung, von der Wandlung, die Gott an uns wirkt und die wir täglich in der Eucharistie feiern, wirklich eine frohe Botschaft. Einige sprachen mich an, dass die Worte genau ihre Situation getroffen hätten. Vor lauter Arbeit an sich selbst, vor lauter Ändern und Verändern hatten sie vergessen, dass Gott ja das Eigentliche an ihnen tut, dass er ihre Wunden und Verletzungen, ihre Schwächen und Konflikte verwandeln möchte. Und sie spürten auf einmal, dass ihre Lebenswunden und Konflikte sie auf einen kostbaren Schatz verweisen, den sie im Gebet und im geistlichen und therapeutischen Gespräch entdecken und heben sollten.
Seither habe ich dem Geheimnis der Verwandlung nachgespürt. Weder in theologischen Lexika noch im Lexikon für Spiritualität fand ich ein Stichwort »Wandlung« oder »Verwandlung«. Fündiger wurde ich in psychologischen Büchern, vor allem im Werk C.G. Jungs und in den Schriften von Graf Dürckheim und Teilhard de Chardin. So habe ich versucht, die Gedanken, die ich dort fand, mit der spirituellen Tradition zu vergleichen. Und ich habe bei der geistlichen Begleitung im Recollectiohaus und bei allem, was ich erlebt und was ich gelesen habe, auf das Phänomen der Verwandlung geachtet. Dabei ist mir etwas vom Geheimnis des Menschen und seines Weges aufgegangen, vom Geheimnis Gottes, der den Menschen durch alles, was ihm begegnet, wandelt. Es ist erst ein Ahnen. Aber dennoch möchte ich dem Leser Anteil geben an den Gedanken

über Wandlung und Verwandlung. Vielleicht hilft es ihm, bei sich selbst den Weg der Wandlung zu entdecken und ihn besser bei den Menschen beobachten zu können, die er begleitet. Danken möchte ich P. Meinrad, der das Manuskript gelesen und mir wertvolle Anregungen gegeben hat. Im Gespräch mit ihm wurde mir deutlich, dass unser ganzes Leben vom Geheimnis der Wandlung und Verwandlung geprägt ist und dass man noch in vielen Bereichen diesem Geheimnis nachspüren müsste. Aber das kann dieses Buch leider nicht leisten.

Das Phänomen der Verwandlung

VERWANDLUNG IN DER BIBEL

Die Bibel ist voll von Bildern der Wandlung. Gott erscheint in der Bibel immer wieder als der, der den Menschen und seine Welt verwandelt. Wenn Gott dem Menschen begegnet, dann verwandelt und erlöst er ihn. Verwandlung ist eine Weise, wie Erlösung geschieht. Jede Seite der Schrift kreist um das Thema der Erlösung, dass Gott den Menschen aus der Gefangenschaft seiner Sünde herausführt, ihn von den Fesseln fremder Mächte befreit und zu seiner ursprünglichen Würde erhebt. Verwandlung ist Vergöttlichung des Menschen. Der Mensch findet erst zu seinem wahren Wesen, wenn Gott in sein Leben eintritt und ihn mit seinem Geist durchdringt. Das Alte Testament kennt noch kein Wort für Verwandeln, aber es ist voll von Bildern der Wandlung. Das Neue Testament beschreibt das Geheimnis der Wandlung mit den beiden Worten *metamorphousthai* und *metaschematizein*: umgewandelt werden, eine andere Gestalt geben, verwandeln. Wenn wir den Bildern der Wandlung in der Bibel nachspüren, kreisen wir um die Mitte der Schrift, um das zentrale Geheimnis von Gottes heilendem und erlösendem Handeln an uns.

Gott offenbart seinen Namen und das Geheimnis seines Wesens im brennenden Dornbusch. Indem Gott den Dornbusch in brennendes Feuer verwandelt, zeigt er, wer er für uns ist. Der Dornbusch als das »letzte Kraut«, das da in der Wüste wächst, ist Bild für das Verachtete und Verdorrte, für das Alltägliche und Leere, für das, was man übersieht oder gar nicht sehen will. Ausgerechnet im wertlosen Dornbusch erscheint Gott dem Mose und spricht ihn an: »Ich habe das Elend meines Volkes in Ägypten gesehen ... Ich bin herabgestiegen, um sie der Hand der Ägypter zu entreißen« (Ex 3,7f).

Gott erscheint im Schwachen und verwandelt es. Durch das Feuer der göttlichen Liebe wird gerade das Unscheinbare und Schwache, das Verdrängte und Ungeliebte in uns in einen hellen Schein verwandelt. Gottes Licht kann unser Leben durchdringen und auf einmal wird es leuchtend und schön. Wir bleiben so, wie wir sind. Der Dornbusch brennt, ohne zu verbrennen. Und dennoch wird er in seinem Innersten verwandelt. Gott scheint durch ihn hindurch. Das haben die Kirchenväter als Bild für Maria gesehen, die durch die Geburt des Gottessohnes das göttliche Feuer widerspiegelte, ohne zu verbrennen. Und es ist ein Bild für uns, die wir wie Maria Gottes Wort in unserem Schoß empfangen. Maria ist ein Bild für den mystischen Weg, zu dem Gott uns berufen hat. Die Kirchenväter sprechen davon, dass wir selbst zur Mutter Christi werden, dass in unserem Herzen die Gottesgeburt geschieht. Die Gottesgeburt verwandelt uns, ohne dass sie unsere menschliche Schwäche aufhebt. Wir bleiben der Dornbusch, der schwache Mensch, von uns aus leer und dürr. Und dennoch leuchtet Gottes Herrlichkeit in uns auf.

Beim Auszug aus Ägypten verwandelt Gott das Meer in trockenes Land, sodass die Israeliten sicher hindurchziehen können, während die Ägypter in den Fluten untergehen. Für die Israeliten wird das trockene Meer zum Ort der Befreiung, während es

für die Ägypter zum Grab wird. Israel zieht durch das Meer in die Freiheit, in das Land, das Gott ihm verheißen hat. Die Ägypter, die es bisher geknechtet und geschunden haben, werden vernichtet. Der Durchzug durch das Rote Meer war für Israel das Urbild für das rettende Handeln Gottes, für die Erlösung aus der Gefangenschaft. Für uns Christen ist er ein Vorbild für die Auferstehung. In der Auferstehung Christi wird unser Leben dem Tod entrissen. Das Meer kann ein Bild sein für das Bedrohliche in unserem Leben, für den Tod, der uns mit sich in die Tiefe reißt, aber auch für das Unbewusste, das uns verschlingen kann. Wenn Gott das Meer in trockenes Land verwandelt, dann kann er auch das Gefährliche und Bedrohliche in unserem Leben zu einem Ort der Gotteserfahrung verwandeln, zu einer Ahnung von absoluter Geborgenheit, von Getragen- und Gehaltensein durch Gott. Und Gott kann unser Unbewusstes verwandeln, sodass wir es durchschreiten können zum jenseitigen Ufer, in eine neue Lebensphase, in eine neue Freiheit und Weite hinein, in das gelobte Land des Paradieses, da uns Gott selbst erwartet. Es ist das Wunder unserer Menschwerdung, das im Durchzug durch das Rote Meer dargestellt wird und das wir in der Taufe an uns erleben dürfen. Da tauchen wir in das Wasser ein, um neugeboren wieder aufzutauchen. Die Sünde wird vom Wasser abgewaschen, das Lebenshemmende wird im Wasser vernichtet, die Feinde, die uns töten wollen, gehen unter, während das göttliche Leben in uns wachsen und sich entfalten kann. Gott selbst wirkt dieses Wunder der Wandlung.
Als die Israeliten auf ihrem Weg durch die Wüste zu verdursten drohen, schlägt Mose mit seinem Stab auf den Felsen am Horeb (Ex 17,6). Sofort strömt Wasser heraus, sodass das ganze Volk trinken kann. Die Elemente »Wasser« und »das Trockene« sind ambivalent. Wasser kann beleben und vernichten. Das Trockene kann uns den Weg bereiten, auf dem wir sicher gehen können. Aber es kann uns auch vertrocknen, sodass wir vor

Durst umkommen. So muss Mose aus dem trockenen und harten Felsen Wasser schlagen, das den Durst des Volkes löscht. Der Fels kann hier ein Bild sein für das Harte und Verhärtete, für das Vertrocknete und Verdorrte in uns selbst. Wir können das Unbewusste so verdrängen, dass alles in uns hart und trocken wird. Wir können dann nicht mehr fühlen, unser Leib wird hart und starr. Das Unbewusste, das uns verschlingen kann, möchte uns zugleich auch beleben. Wenn es verdrängt wird, wird unser Leben leer und dürr. Mose berührt den Fels nun mit dem Stab, er stellt wieder eine Beziehung her zwischen Bewusstem und Unbewusstem. Er verbindet die Gegensätze miteinander, sodass sie fruchtbar werden. Und sogleich strömt Wasser heraus. Verwandlung geschieht hier durch Berührung.

Diesem Phänomen begegnen wir in der Bibel auf Schritt und Tritt. Im Neuen Testament heilt Jesus die Menschen immer durch Berührung. Was Jesus berührt, das wandelt sich. Wenn Jesus einen Kranken berührt, bringt er in ihm etwas in Bewegung. In der Berührung hat der Kranke teil an der göttlichen Kraft Jesu, da strömt etwas von Jesu Geist in die Wunde und verwandelt sie zu einem Ort der Gotteserfahrung. Die Kirche hat die Verwandlung durch Berührung in den Sakramenten weiter praktiziert. Alle Sakramente sind Berührungssakramente. In ihnen – so sagen die Kirchenväter – berührt uns die Hand des geschichtlichen Jesus und durchdringt uns mit seinem Geist. Gott verwandelt das Herz aus Stein zu einem Herzen aus Fleisch. »Ich schenke ihnen ein anderes Herz und schenke ihnen einen neuen Geist. Ich nehme das Herz von Stein aus ihrer Brust und gebe ihnen ein Herz von Fleisch« (Ez 11,19). Das Herz ist für die Alten der Sitz der Gefühle und des Denkens. Das Herz aus Stein ist gefühllos, kalt, glatt, verschlossen und tot. Es hat seine eigentliche Qualität verloren. Wenn Gott seinen Geist in unser Herz senkt, dann wandelt es sich, es kann wieder fühlen und spüren. Es ist wieder menschlich. Hier geht es nicht nur um den Gegenpol, sondern um die Pervertierung der eigentlichen Bedeutung. Das Herz ist zum Fühlen da. Aber der Mensch kann sein Herz verhärten. Durch die Sünde wird es hart wie ein Stein. Da muss Gottes Liebe das Harte aufweichen und verwandeln. In den hellenistischen Mysterienreligionen stand das Thema der Verwandlung im Zentrum des geistlichen Lebens. Ziel der Mysten war, in ein gottgleiches Wesen verwandelt zu werden. In allen Mysterien ging es um die Verwandlung des Menschen in Gott hinein. Es war die große Sehnsucht des Menschen, dass Menschliches in Göttliches verwandelt wird, dass Sterbliches das Unsterbliche anzieht, dass Irdisches mit dem Himmlischen überkleidet wird. Der Weg zur Verwandlung bestand in verschiedenen Weihen und Riten, die mehr und mehr die innere Gestalt des Mysten verwandelten. Verwandlung bedeutet dabei auch »Lösung des Körpers aus den Banden der materiellen Welt, leibliche Verklärung« (Kittel 764). In der jüdischen Apokalyptik wurde Verwandlung anders verstanden. Am Ende der Welt werden die Glaubenden in eine neue Gestalt verwandelt, da haben sie teil an der Auferstehung der Toten. Die verschiedenen Aussagen des Neuen Testaments zur Verwandlung (metamorphe) werden auf dem Hintergrund der hellenistischen Mysterienreligionen und der jüdischen Apokalypse besser verständlich.

Die Synoptiker beschreiben die Verwandlung Jesu bei der Verklärung in der Sprache apokalyptischer Vorstellungen. »Was den Frommen für den neuen Aeon verheißen ist, widerfährt hier Jesus schon in der Gegenwart ... Dass vor den Augen der vertrautesten Jünger die menschliche Erscheinung Jesu sich für Augenblicke wandelt in die eines himmlischen Wesens der verklärten Welt, ist Vorwegnahme und Verbürgung einer eschatologischen Wirklichkeit« (Kittel 765). In der Verklärung Jesu leuchtet sein eigentliches Wesen auf, seine Gottheit scheint durch seine menschliche Gestalt hindurch. Und den Jüngern wird offenbar, wer Jesus eigentlich ist. Im Tal sehen sie oft nur sein Äußeres. Auf dem Berg wird ihnen das innere Geheimnis Jesu sichtbar. Sie sehen etwas, was immer in Jesus war, was sich ihren Blicken aber verhüllte. Verwandlung ist hier nicht Schaffung von etwas Neuem, sondern Hervortreten des eigentlichen Wesens, des göttlichen Kerns durch die menschliche Gestalt hindurch. Die Verklärung Jesu ist auch uns verheißen. Wenn Gott uns ganz nahe ist, wenn wir für ihn durchlässig werden, dann leuchtet auf einmal unser eigentliches Wesen auf, dann werden wir verwandelt in das Antlitz Christi.

Paulus beschreibt diese Verwandlung, die uns durch Christus schon während unseres Lebens zuteil wird, an zwei Stellen mit dem Wort *metamorphousthai* und an zwei andern Stellen mit *metaschematizein*. In 2 Kor 3,18 wird unsere Verwandlung in das Bild Christi durch den Geist gewirkt: »Wir alle spiegeln mit enthülltem Angesicht die Herrlichkeit des Herrn wider und werden so in sein eigenes Bild verwandelt, von Herrlichkeit zu Herrlichkeit, durch den Geist des Herrn.« Durch den Geist ist uns die Schau der Herrlichkeit Christi geschenkt. Indem wir auf Christus schauen, werden wir mehr und mehr in sein Bild verwandelt. Die Verwandlung geschieht also durch das Schauen. Hier berührt Paulus die Vorstellung der hellenistischen Mysterienkulte, bei denen die Verwandlung durch das Anschauen des Götterbildes geschieht. Vom Bild Gottes geht eine verwandelnde Kraft aus. Wenn wir auf Jesus Christus schauen, so werden wir mehr und mehr von seinem Geist durchdrungen und verwandelt.

»Der Herr ist nicht nur Spiegel, in den wir schauen, Abbild des unsichtbaren Gottes, Träger der Auferstehungsherrlichkeit; von ihm her kommt auch die Dynamik, die den Verwandlungsprozess in Gang setzt, und ihr Träger ist der Geist« (Klauck 42). Wir werden in das verwandelt, was wir schauen, in das Bild und in die Herrlichkeit Christi. Was Paulus hier beschreibt, hat die spirituelle Tradition der Ostkirche in der Theologie der Ikone

entfaltet. Indem ich die Ikone anschaue, verwandelt sie mich. Das Bild der Ikone prägt sich mir ein.
Das Schauen als Weg der Verwandlung vollzieht sich sowohl auf der psychologischen wie auf der spirituellen Ebene. Wie ich einen Menschen anschaue, so sieht er mich an. Im Schauen und Angeschautwerden geschieht Verwandlung. Der Blick eines liebenden Menschen bringt auch meine Augen zum Leuchten. Diese Erfahrung wurde in der Ostkirche für das spirituelle Leben fruchtbar gemacht. Das Bild Jesu Christi, das wahre Abbild des Vaters, wird auf der Ikone dargestellt. Indem wir auf das Bild Christi schauen, schaut Gott uns selber an. Sein liebender Blick durchdringt uns, führt uns in die Wahrheit, weckt in uns Liebe und Sehnsucht und verwandelt uns so in das Bild seines Sohnes. Meditation ist für die Ostkirche vor allem ein Schauen. Wir schauen so lange auf das Bild Christi, bis kein Zwischenraum mehr ist zwischen dem Bild und uns, bis wir eins werden mit dem Geschauten und in es hinein verwandelt werden.
Paulus mahnt uns in Röm 12,2: »Gleicht euch nicht dieser Welt an, sondern wandelt euch und erneuert euer Denken, damit ihr prüfen und erkennen könnt, was der Wille Gottes ist.« Hier ist die Verwandlung eine moralische Aufgabe für uns. Wir müssen uns wandeln, oder besser gesagt, uns umwandeln lassen, indem wir unser Denken und Wollen erneuern, indem wir den Ruf Jesu nach Umkehr und Umdenken befolgen. Das geistliche Leben ist nach Paulus also ein ständiger Prozess der Umwandlung. Der Geist bewirkt unsere Verwandlung, aber an uns liegt es, uns für den Geist Christi zu öffnen, indem wir uns freimachen von der Macht der Welt, vom Denken der Masse, indem wir uns im Denken vom Geist Gottes bestimmen lassen und nicht von der Welt. Das verwandelte Denken wird auch zu einem neuen Verhalten führen, zu einem Tun und Handeln aus dem Geist Jesu Christi heraus. Wenn wir uns hier mehr und mehr vom Geist Christi umwandeln lassen, dann dürfen wir auch darauf vertrauen,

dass Gott uns in unserm Tod für immer in das Bild Christi verwandeln wird.

Davon spricht Paulus im Philipperbrief. Vom Himmel her »erwarten wir auch Jesus Christus, den Herrn, als Retter, der unseren armseligen Leib verwandeln (metaschematisei) wird in die Gestalt seines verherrlichten Leibes« (Phil 3,21). Im Tod werden wir alle verwandelt (1 Kor 15,51), da wird offenbar, was der Geist schon in dieser Zeit an uns gewirkt hat. Hier ist die Verwandlung immer nur ein Prozess, der nie zu Ende geht. Erst im Tod kommt er an sein Ende. Da tritt die Gestalt unseres verherrlichten Leibes für alle sichtbar nach außen. Paulus versteht also unseren geistlichen Weg als Wandlungsweg. Der Wandlungsweg ist zugleich Werk Gottes und unsere Aufgabe. Geistlich leben heißt, sich mehr und mehr wandeln, bis das Antlitz Christi in uns sichtbar wird.

Aber was wir hier an Wandlung erleben, ist immer nur ein Anfang. Erst im Tod wird die Verwandlung ihre Vollendung erfahren. Da wird Gott den ganzen Menschen mit Leib und Seele verwandeln, sodass Christi Herrlichkeit uns ganz und gar bestimmt und prägt. Aber was im Tod offenbar wird, das ist jetzt schon unsere Aufgabe. Spiritualität besteht für Paulus darin, schon jetzt nicht nur unser Denken an Christus anzugleichen, sondern auch unsern Leib mehr und mehr von Christi Geist durchdringen zu lassen. Gott wandelt unsern Leib durch Krankheit und Leid, damit er immer mehr aufgebrochen wird für das Bild des gekreuzigten und auferstandenen Christus. Und Seelsorge versteht Paulus als Begleitung auf dem Weg der Verwandlung. Paulus deutet den Christen ihre Erfahrungen von Leid und Enttäuschung, von Verfolgung und Krankheit, als Teilhabe am erlösenden und verwandelnden Leiden Jesu Christi und zugleich an seiner Herrlichkeit: »Immer tragen wir das Todesleiden Jesu an unserem Leib, damit auch das Leben Jesu an unserem Leibe sichtbar wird« (2 Kor 4,10). Das äußere Aufgerieben-Werden deutet Paulus den Christen als Zeichen der inneren Verwandlung und Erneuerung (vgl. 2 Kor 4,16). Und mit dieser Deutung schenkt er ihnen Trost und Zuversicht auf ihrem Wandlungsweg.

VERWANDLUNG BEI C.G. JUNG

C.G. Jung versteht den Prozess der Selbstwerdung als dauernden Wandlungsweg. Das Ziel des menschlichen Wandlungsprozesses ist die Vereinigung der Gegensätze in der Selbstwerdung. Der Grundgegensatz, dem sich der Mensch gegenübersieht, ist die Spannung zwischen Geist und Trieb. Der Weg der Wandlung geht über die Verwandlung der Triebenergie in eine andere Form, »z.B. in eine Gedanken- oder Gefühlsform (Idee und Wert), und zwar auf der Basis und mit Hilfe eines präexistenten Archetypus ... Die vom Archetypus ausgehende Faszination bewirkt, dass die Instinktenergie (Libido) von ihrem ursprünglichen Verlauf abweicht und sich an die geistige Entsprechung heftet« (Briefe 20). Die Triebumwandlung geschieht nach Jung also durch die Wirkung der Archetypen. Die Archetypen aber werden durch Riten und Symbole aktiviert und ins Bewusstsein gehoben. Jung nennt die Symbole Umformer. Wie ein Wasserkraftwerk die Energie des Wassers in Elektrizität umwandelt, so wandeln die Symbole die biologische Energie in eine geistige Energie um. »Die Symbole funktionieren als Umformer, indem sie Libido aus einer niederen Form in eine höhere überleiten« (V 296). Der Prozess der Wandlung wird immer durch den Gegensatz in Gang gesetzt, durch den Gegensatz von Trieb und Geist, durch den Gegensatz von bewusst und unbewusst, durch den Gegensatz von Verstand und Gefühl. Indem die Gegensätze miteinander ins Gespräch kommen, wandelt sich etwas im Menschen. Allerdings ist dieser Prozess der Wandlung nicht immer sichtbar. Lange spüren wir gar nichts von der inneren Verwandlung, aber auf einmal hat sich etwas in uns gewandelt. Es ist ein Lebensprozess. So wie die Pflanze oft wächst, ohne dass wir es wahrnehmen können, so ist es auch mit der Wandlung des Menschen. Wie die Wandlung der Triebenergie in geistige Energie geschieht, beschreibt Jung am Beispiel des jungen Menschen. Für ein Kind ist es normal, dass es sich nach der Mutter sehnt. Doch wenn ein Erwachsener seine Libido hauptsächlich auf seine Mutter richtet, bleibt er infantil und erstarrt in Unreife und Schwächlichkeit. Um innerlich weiterzukommen, muss er seine Libido auf ein Symbol richten, auf Bilder des Unbewussten, auf Archetypen, die seine Triebenergie verwandeln. Jung meint, sobald auf dem Entwicklungsweg des Kindes die Ablösung von der Mutter notwendig ist, würde der Archetyp der Mutter auftauchen, etwa der Mutter Kirche. Dadurch kann sich der junge Mensch von der Mutter innerlich befreien und so »entsteht eine lebensfähige Wandlung« (V 301).

Ein Weg der Verwandlung der Triebenergie ist für Jung das Opfer, wie es im Kreuzestod Jesu am klarsten dargestellt wird. »Das Opfer bedeutet eben gerade keine Regression, sondern eine geglückte Überleitung der Libido auf das symbolische Äquivalent der Mutter, und damit auf einen geistigen Tatbestand« (V 339). Jung nennt den Vorgang der Verwandlung auch Introversion. Der Mensch richtet seine Energie nach innen und kann sie so verwandeln. Die Introversion wird durch Riten, Gebete und Opfer hervorgerufen. Die Riten »haben den Zweck, die Libido auf das Unbewusste zu richten und damit zur Introversion zu zwingen« (V 378). Der wichtigste Wandlungsritus ist für den Christen die Eucharistie. Jung nennt die Messe einen »Ritus des Individuationsprozesses« (XI 299). Seine Aufgabe ist es, »die Seele des empirischen Menschen, der nur ein Teil seiner selbst ist, in ihre Ganzheit, die durch Christus ausgedrückt ist«, zu verwandeln (ebd).

Wandlung ist für den Menschen lebensnotwendig. Alles Festhalten am Vergangenen lässt das Leben nur erstarren. Das ist ein Grundgesetz des Lebens: »Alles Junge wird einmal alt, alle Schönheit verwelkt, alle Wärme erkaltet, jeder Glanz erlischt, und jede Wahrheit wird schal und flach. Denn alle diese Dinge haben einmal Gestalt gewonnen, und alle Gestalten unterliegen der Einwirkung der Zeit; sie altern, kranken, zerfallen – wenn sie sich nicht wandeln. Sie können sich wandeln, denn der unsichtbare Funke, der sie einstmals zeugte, ist aus ewiger Kraft unendlicher Zeugung fähig. Gültig ist eine Wahrheit auf die große Dauer nur dann, wenn sie sich wandelt und wiederum Zeugnis ablegt in neuen Bildern, in neuen Zungen, als ein neuer Wein, der in neue Schläuche gefasst wird« (V 456).

Ein entscheidender Zeitpunkt für die Verwandlung des Menschen ist die Lebensmitte. Da versuchen viele, krampfhaft am Alten festzuhalten, und verhindern so die notwendige Wandlung. Wandlung heißt dabei aber nicht, dass das Alte ausgeschieden wird, sondern dass es mit dem Neuen verbunden und in es hinein integriert wird. Nach Jung taucht in der Lebensmitte der Schatten auf, der bisher verdrängt worden ist. Jeder Mensch hat zwei Pole, Liebe und Hass, Disziplin und Disziplinlosigkeit, Verstand und Gefühl, anima und animus. In der ersten Lebenshälfte lebt er meistens nur einen Pol. Der andere gerät in den Schatten. In der Lebensmitte meldet er sich zu Wort. Wenn nun der Schatten gelebt und das bisher Gelebte verdrängt wird, hilft es dem Menschen nicht weiter. Er lebt das Gegenteil genauso einseitig wie das Frühere. Es geht Jung darum, die Enge des Bewusstseins gerade durch die Gegensätze, durch die Gegenpole, »zu sprengen und dadurch einen weiteren und höheren Bewusstseinszustand aufzubauen« (VIII 449). Wir können die Probleme unseres Lebens nicht ein für alle Mal lösen. Wir müssen immer wieder neu daran arbeiten, sonst erstarren wir. »Wir alle erinnern uns wohl an gewisse Freunde und

Schulkameraden, die viel versprechende, ideale Jünglinge waren, denen man dann nach Jahren wieder begegnet ist und die man in einer Schablone vertrocknet und eingeengt gefunden hat« (VIII 450). Sie haben mit Gewalt an den einmal gefundenen Lösungen festgehalten und jede Verwandlung verweigert. Sie werden nie ganze Menschen werden.

Die Verwandlung des Menschen beginnt in seinem Unbewussten. Oft wird der Mensch durch eine äußere Notlage dazu gezwungen, sich mit dem Unbewussten zu beschäftigen. Oft sind es Archetypen, die auf einmal in seinen Träumen auftauchen oder die ihm in den Riten seines Glaubens oder beim Lesen begegnen. »Tritt nun eine Notlage ein, so wird ein dieser Notlage entsprechender Typus im Unbewussten konstelliert. Da dieser numinos ist, d.h. eine spezifische Energie besitzt, zieht er die Inhalte des Bewusstseins, bewusste Vorstellungen an, vermöge welcher er wahrnehmbar und damit bewusstseinsfähig wird. Wenn er ins Bewusstsein übertritt, so wird dies als Erleuchtung und Offenbarung oder als rettender Einfall empfunden« (V 378). Jung meint, der Mensch brauche oft Krisen, in denen seine Lebenskraft nach außen gelähmt wird, damit er das Unbewusste ans Bewusste anschließe. Der Mensch wandelt sich nur, wenn er das Unbewusste integriert. Ein erfolgreiches Leben kann seine Wandlung gefährden, da es ihn »seine Abhängigkeit vom Unbewussten vergessen lässt« (V 384).

Äußere Bedingungen müssen den Menschen oft dazu zwingen, dass er sich auf den Weg der Wandlung einlässt. Die Wandlung geschieht letztlich immer durch die Spannung der beiden Gegenpole im Menschen, durch den Gegensatz von Geist und Trieb, und durch den Gegensatz zwischen bewusst und unbewusst. Die Symbole können die Energie im Menschen verwandeln, weil sie in sich Bewusstes und Unbewusstes miteinander verbinden. Immer dann, wenn der Mensch einen Dialog anfängt mit seinem Unbewussten, wenn er sein Gefühl mit seinem Verstand verbindet, die gegenwärtige Erfahrung mit den Archetypen der Vergangenheit, dann kann in ihm der Wandlungsprozess in Gang kommen. Dieser Prozess der Verwandlung hat als Ziel die Ganzheit, die Vollständigkeit, wie Jung das biblische Wort von der Vollkommenheit übersetzt. Für Jung ist es letztlich das Bild Gottes, »das der bloßen Triebhaftigkeit hemmend entgegensteht« (VIII 59), das die Verwandlung der Triebenergie bewirkt.

In einem Artikel über Wiedergeburt zeigt C.G. Jung die verschiedenen Weisen und Orte der Verwandlung auf. Er spricht von der Wandlung durch Teilnahme an einem Ritus. Im Ritus nehmen wir teil am Schicksal Gottes, wir feiern die Verwandlung Gottes und werden dadurch selbst verwandelt. Auch eine Erzählung kann verwandeln (IX 143). Dann gibt es Techniken wie Meditation, Yoga, Exerzitien, die im Menschen das Wandlungserlebnis herbeiführen können. Und es gibt »natürliche Wandlungsvorgänge, die uns zustoßen, ob wir es wollen oder nicht, und ob wir es wissen oder nicht … Die natürlichen Wandlungsvorgänge kündigen sich vor allem im Traume an« (IX 144f).

Durch Begegnungen mit Menschen oder durch Lesen von Büchern können wir mit den inneren Quellen in Berührung kommen und den »Seelenfreund« in uns entdecken, der uns zum Geheimnis unseres Lebens führen möchte (vgl. IX 135). Jung meint, wir alle hätten in uns einen »inneren Seelenfreund«, der unsterblich ist und das Sterbliche in uns zum Unsterblichen verwandeln möchte. »Der Mensch ist das Dioskurenpaar, in welchem der eine sterblich ist und der andere unsterblich; die immer beisammen sind und sich doch nie gänzlich zu Einem machen lassen. Die Wandlungsvorgänge wollen die beiden einander annähern, wogegen das Bewusstsein aber Widerstände empfindet, weil der andere zunächst als fremdartig und unheimlich erscheint, und weil wir uns nicht an den Gedanken gewöhnen können, nicht Alleinherr im eigenen Hause zu sein« (IX 145). Ziel aller Verwandlung ist »die Wandlung eines Sterblichen in ein Unsterbliches in mir, welches sich aus der sterblichen Hülle, die ich bin, befreit und nun zu seinem eigenen Leben erwacht« (IX 148).

C.G. Jung hat in seinen Schriften Wesentliches über das Geheimnis der Verwandlung gesagt. Die Frage ist, ob sein Ansatz vom Gegensatz von Geist und Trieb als der Voraussetzung der Wandlung nicht zu gnostisch ist. Zumindest ist er missverständlich. Ist der Trieb nicht offen für den Geist, sodass die Wandlung durch den Trieb hindurch geschieht? So sieht es zumindest Teilhard de Chardin, der immer wieder von der Transformation der Materie und der Triebe in die Liebe des menschgewordenen Christus spricht. Die Verwandlung geschieht nicht am Trieb vorbei, sondern durch ihn hindurch. Das Geheimnis der Inkarnation sagt ja gerade, dass wir durch den Einstieg und nicht durch den Ausstieg aus der Materie, aus dem Trieb, verwandelt werden. Das Geheimnis der Inkarnation muss zumindest mitbedacht werden, wenn wir Jungs Gedanken über die Verwandlung des Triebes lesen. Und wir könnten Jung von Teilhard her interpretieren, der von der schöpferischen Transformation der Materie spricht. In der Materie und im Trieb drückt sich der Geist aus und im Trieb und durch den Trieb hindurch geschieht die Verwandlung. Askese besteht für Teilhard nicht darin, sich von der Materie zu befreien, sondern sie immer mehr zu vergeistigen. Die Kraft, die Materie in Geist verwandelt und sie im Letzten christifiziert, ist die Liebe. Sie ist für Teilhard »wie eine Grundessenz, die bestimmt ist, alles zu verwandeln, alles zu assimilieren, alles zu ersetzen« (Tresmontant 124).

Viele Märchen erzählen uns von der Verwandlung verzauberter Prinzen und Prinzessinnen. Ein böser Fluch oder eine Hexe mit dämonischen Kräften kann einen Prinzen oder eine Prinzessin in ein Tier verwandeln. Doch ein Bad oder ein Hemd, das dem Tier übergeworfen wird, kann es wieder in einen Menschen verwandeln. Im Märchen »Der goldene Vogel« muss der Held dem Tier sogar den Kopf abhauen, damit der Königssohn daraus erlöst werden kann.

Ein andermal kann die richtige Frage die Verwandlung herbeiführen. Wenn wir die Verwandlungsmärchen genauer anschauen, können wir daraus wichtige Einsichten in das Geheimnis des Reifungsweges und in das Wesen der psychologischen oder geistlichen Begleitung entdecken. Wir können durch negative Projektionen in ein Tier verwandelt werden, wir werden beherrscht von irgendwelchen Trieben und Süchten. Doch wichtiger ist der Weg zur Verwandlung in einen Prinzen oder in eine Prinzessin, in einen Menschen, der seinen Schatten integriert, die Gegensätze von anima und animus vereint und so ganz und heil geworden ist.

Da muss ein verzauberter Prinz in einem heißen Wasser gebadet werden. Nur so kann er von der Verzauberung befreit werden. Das heiße Wasser kann ein Bild für die Emotionen sein, mit denen der verzauberte Held in Berührung kommen muss. Die Verzauberung kann ja gerade darin bestehen, dass er in sich selbst gespalten wird und die Beziehung zu seinem inneren Kern, zu seinen Gefühlen und Sehnsüchten verliert. Dann muss er eintauchen in seine Emotionen und sie wieder spüren lernen. Manchmal muss der Märchenheld das Bad von außen erhitzen. Der Therapeut muss bisweilen die Emotion des Patienten künstlich erhitzen, damit er mit ihr überhaupt in Beziehung kommen kann. Und nur wenn er in Beziehung zu seinen

Emotionen ist, können sie sich wandeln. Die Beziehung zu den Gefühlen ist die Voraussetzung, dass das Ich sich von ihnen unterscheiden kann und so der eigentliche Kern aus dem Feuer der Emotionen herausgeschmolzen werden kann.

Viele Märchen erzählen von Menschen, die in ein Tier verwandelt worden sind. »Für einen Menschen bedeutet die Verwandlung in ein Tier, dass er aus seiner eigenen Instinktsphäre herausgeraten ist und sich ihr entfremdet hat« (Franz 45). Apulejus, der in einen Esel verwandelt wurde, ist offensichtlich von seiner Sexualität überwältigt und aus dem Gleichgewicht gebracht. Manchmal ist auch nur ein Teil des Menschen verwandelt, z.B. seine Anima. Die Verzauberung geschieht oft, indem eine Hexe eine Tierhaut über den Helden wirft. Die Art des Tiers bringt zum Ausdruck, wie ein verdrängter und dadurch verselbstständigter Impuls im Menschen nach außen gelebt wird. Weil eine Aggression oder eine Emotion nicht angeschaut wird, tritt sie in Form eines Tieres nach außen. Weil ein Mensch nicht gemäß seinen Impulsen lebt, sondern von einem einseitigen Trieb überwältigt wird, oder weil er einen Aspekt in sich ausklammert, wird er in ein Tier verwandelt. In den Märchen kann es ein Bär sein oder ein Frosch, ein Fuchs oder ein Esel, ein Schwan oder ein Vogel. Oft wird der Held oder die Heldin durch einen teuflischen alten Mann oder durch eine Hexe in ein Tier verwandelt. Die menschliche Seele kann so stark unter den Einfluss eines andern Menschen geraten, dass sie verhext wird, dass sie ihre eigentliche Gestalt verliert.

Eine Weise der Verwandlung ist in den Märchen das Überwerfen eines Hemdes. Das Hemd überwerfen kann dabei sowohl verfluchen wie erlösen. »Die Hemden bedeuten eigentlich Projektionen. Auf Menschen wirken diese Projektionen nämlich wie ein Zauberspruch« (Franz 113). Eine negative Projektion kann den Menschen auf seine negativen Seiten festlegen und ihn in ein Tier verwandeln, das sich nur wie ein Tier benehmen kann. Eine positive Projektion lockt hingegen die guten Seiten eines Menschen hervor. Im Märchen »Die sechs Schwäne« »trifft ein König bei der Jagd in einem großen Wald eine alte Frau, die ihm nur dann den Weg aus dem Wald heraus zeigen will, wenn er verspreche, ihre Tochter zu heiraten. Das Mädchen ist schön, aber er mag sie nicht und entdeckt bald, dass er eine böse Hexe geheiratet hat. Von seiner früheren Frau hatte er sechs Knaben und ein Mädchen. Als er merkte, dass seine neue Frau die Kinder töten wollte, verbirgt er sie in einem einsamen Schloss in der Mitte des Waldes und besucht sie heimlich. Die Hexe findet es heraus, und nachdem sie sechs Zauberhemden genäht hat, folgt sie den Spuren des Königs zum Schloss. Da die Jungen denken, es sei ihr Vater, eilen sie hinaus, um ihn zu begrüßen, doch da wirft die Königin die Hemden über sie, sodass sie in sechs Schwäne verwandelt werden. ... Die Schwester aber, die nicht nach draußen gelaufen war, beschließt jetzt, nach ihren Brüdern zu schauen. Nach langer Reise findet sie sie und erfährt von ihnen, dass sie nur für eine Viertelstunde jeden Abend menschliche Gestalt haben dürfen. Der einzige Weg, sie zu erlösen, bestehe darin, dass sie sechs Jahre stumm bleibe und in dieser Zeit sechs Hemden aus Sternblumen für sie nähe. Das Mädchen beschließt, dies zu tun, klettert auf einen Baum und beginnt mit der Arbeit. Aber einige Jäger entdecken sie, holen sie herunter und bringen sie zum König, der sie heiratet. Die Schwiegermutter klagt sie nach der Geburt ihrer Kinder an, sie töte diese und esse sie auf, und als das dritte Kind verschwindet..., wird sie verurteilt, als Hexe verbrannt zu werden. Aber die sechs Jahre sind fast vorbei, und sie hat die Hemden bis auf einen Ärmel fertig. Gerade als das Feuer angezündet werden soll, erscheinen die Schwäne. Sie hatte die Hemden mitgebracht und wirft sie nun über die Vögel, die im selben Augenblick zu Männern werden, nur der jüngste Bruder hat anstelle des einen Armes einen Flügel. Auf diese Weise kommt die Wahrheit heraus. Der König erfährt, dass seine Königin keine Hexe ist. Die boshafte Mutter wird verbrannt, und sie verbringen den Rest ihres Lebens glücklich miteinander« (Franz 112f).

Die Hexe verwandelt die Söhne durch ihre Zauberhemden in Tiere. Sie übt eine zerstörende Macht über die sechs Brüder aus. Die Hexe ist ein Bild für die verschlingende Mutter, die die Kinder nicht leben lässt. Die Schwester verwandelt ihre Brüder, indem sie sechs Jahre lang schweigt und sich auch gegen das Unrecht nicht wehrt. Sie muss also ganz bei sich sein, darf sich durch äußere Ereignisse nicht von der Liebe zu ihren Brüdern abhalten lassen und sechs Jahre nur an ihre Brüder denken. Die Liebe, mit der sie die sechs Jahre für die Brüder opfert und in der sie die Sternblumenhemden näht, verwandelt die sechs Schwäne in reife Männer und befreit sie vom negativen Einfluss der Hexe. Durch die Liebe ihrer Schwester werden sie zu sich selbst befreit.

Franz bezeichnet das Hemd als Phantasiematerial, mit dem sich ein Affekt oder ein unbewusster Seelenteil ausdrücken kann. Und sie meint, die aktive Imagination, wie sie C.G. Jung entwickelt hat, sei ein guter Weg, »einen unbewussten Komplex sich durch Phantasiematerial ausdrücken zu lassen« (Franz 119). In der aktiven Imagination erweitere ich den unbewussten Inhalt und beeinflusse ihn durch bewusste Anstrengung. »Bei solcher Zusammenarbeit von Bewusstsein und Unbewusstem kann ein Verwandlungsprozess stattfinden« (Franz 120). Franz vergleicht nun die aktive Imagination mit dem Überwerfen des Sternenhemdes: »Das Mädchen macht eine lange und hingebungsvolle Anstrengung, um den Schwänen eine Form zu verleihen, mittels derer sie in menschliche Gestalt zurückkehren können. Das ist dem Prozess Aktiver Imagination ähnlich: Wir nehmen gegenüber unbewussten Inhalten einen menschlichen Standpunkt ein, wir sprechen zu ihnen, als ob sie menschliche Wesen seien, und das übt auf eine geheimnisvolle Art eine humanisierende Wirkung aus und gibt z.B. Animus oder Anima eine Möglichkeit, sich auszudrücken« (Franz 121). Das Schweigen ist die Voraussetzung, dass ich mich mit meinem Affekt konfrontiere. Ich lasse ihn innen und gebe ihm ein angemessenes Ausdrucksmittel. Das kann ihn verwandeln, während ein unangemessenes Aussprechen den Affekt noch verstärkt und ihm die Herrschaft über die ganze Psyche überlässt. Verwandlung kann also nach den Märchen sowohl von mir selbst ausgehen, indem ich anders mit meinen Emotionen und Trieben umgehe, indem ich das unbewusste Material meiner Seele anschaue und bewusst ausphantasiere oder ausagiere. Sie kann aber auch durch einen andern in Gang kommen, durch einen Begleiter, einen Seelsorger oder Therapeuten, der mit liebender Hingabe lange Zeit hindurch schweigend auf mich schaut und mit mir geht, bis aus seiner Liebe ein Sternenhemd geworden ist, das mich verwandelt.

Wilhelm Laiblin, ein anderer Jungschüler, sieht ein wesentliches Wandlungsmotiv in den Märchen in der sogenannten Zweiweltenerzählung. Das Wesen der Zweiweltenerzählung ist, »dass in ihr eine irgendwie gestörte, schicksalhaft herabgeminderte Lebensordnung durch ein Vertrautwerden mit neuen, ungeahnten Lebensimpulsen und -möglichkeiten, meist durch eine schicksalgewollte, abenteuerliche Begegnung des Helden oder der Heldin mit einem seither unerschlossenen Bereich, durch eine Fahrt in eine andere Welt, und durch das glückhafte Erringen eines in der anderen Welt befindlichen kostbaren Gutes wiederhergestellt und ins Heilvolle gewandelt wird« (Laiblin 278). Der Ausgangspunkt solcher Märchen ist immer eine ausweglose Konfliktsituation, »aus der als einziger Ausweg das Aufsuchen der noch unerkannten oder verloren gegangenen Lebenskraft oder Lebensquelle durch die Fahrt in die andre Welt übrig bleibt« (Laiblin 279).

Ein typisches Beispiel für diese Form der Wandlungsmärchen ist das Märchen von der Frau Holle. Das Mädchen, das von der

Schwiegermutter über die Maßen bedrängt wird, springt in den Brunnen, sie geht in die eigene Tiefe und gelangt in das Reich der Frau Holle, die für den »bergenden, schenkenden und wiedergebärenden Aspekt der Weltmütterlichkeit« (281) steht. Hier wird sie nicht mehr überfordert, sondern sie kann sich loslassen und anvertrauen. Der weibliche Bereich der Frau Holle steht für das Unbewusste, in das Goldmarie eintaucht und innerlich erneuert in die Welt ihres Alltags zurückkehrt. Der verhängnisvolle Zwiespalt zwischen Bewusstem und Unbewusstem wird überbrückt und dadurch wird die Bedrängnis in neue Lebensfülle verwandelt. Das Leben im Bereich des Bewusstseins wird für Goldmarie zur Plage, zur Überforderung. Sie braucht den Reichtum der inneren Welt, sie braucht die Gaben des Unbewussten, um sich den Anforderungen der bewussten Welt stellen zu können, ohne davon erdrückt zu werden. Der Weg zu dieser Verwandlung geht über Tod und Wiedergeburt. Das Mädchen muss in den Brunnen springen, sie muss das Tor des Todes durchschreiten, um in der jenseitigen Welt die Quelle zu entdecken, die ihr neues und unerschöpfliches Leben zu schenken vermag.

»Wiedergeburt als Erneuerung aus dem Ursprung« nennt Laiblin das große Lebensgesetz, das in vielen Märchen beschrieben wird. Die Seele kehrt zurück in ihren Ursprung, in »das Toten- und Ahnenland, in dem die ursprünglichen Lebensimpulse und die Weisheit ungezählter Geschlechter als kostbares, in bestimmten Situationen jederzeit wieder reaktivierbares Gut aufbewahrt sind« (287). Dieses Totenland ist das kollektive Unbewusste, in das nach Jung die Seele immer wieder eintauchen muss, um aus der Tiefe neue seelische Werte und Kräfte heraufzuheben. Den Weg zur anderen Welt weisen Zwerge und Riesen oder auch hilfreiche Tiere, die die Weisheit der Natur und des Instinktes symbolisieren. Manchmal ist es auch ein ausgeworfener Faden, der die Beziehung zum Bewusstsein zeigt, »die nicht verloren gehen darf, damit die Gefahr des Sich-Verirrens, ja des Aufgeschlucktwerdens und Ertrinkens in den ungeheuerlichen Finsternissen der Naturseele gebannt werden kann« (Laiblin 292).

Auf dem Weg zur andern Welt muss der Held oder die Heldin Gefahren bestehen, eine Hexe, einen rachsüchtigen Zwerg, einen Riesen oder einen Drachen besiegen oder überlisten. Dann wird die lebenshemmende und gefährliche Kraft oft zur lebensfördernden und vorwärts treibenden Energie. Die schweren Aufgaben, die der Held oder die Heldin erfüllen müssen, beschreiben letztlich »das Ordnungschaffen in den Tiefenbereichen der Seele«, die »Triebanjochung und Triebmeisterung als notwendige Voraussetzung von Reifung und Fortschritt, von Kulturfähigkeit und Kulturleistung« (294). Der Held gewinnt schließlich ein kostbares Gut, d.h. er integriert die Tiefenseele in sein Bewusstsein und wird dadurch verwandelt und erneuert. Die Verwandlung geschieht oft stufenweise, in drei oder in neun Schritten. »Die stufenweise Verwandlung der Tiefenseele kommt auch in der Form vor, dass dreimaliger Kleiderwechsel (Aschenputtel) stattfindet und nacheinander das Sonne-, Mond- und Sternenkleid angezogen wird, entsprechend dem Kleiderwechsel in alten Mysterienkulten ... Mitunter wandelt sich auch die schwarze Jungfrau entsprechend dem dreistufigen Läuterungsprozess, den ihr Befreier erleidet, in drei Etappen zu einer Jungfrau schneeweiß und schön wie der helle Tag. C.G. Jung nennt das entsprechende Phänomen in der Traumsymbolik solificatio, womit der Vorgang einer stufenweisen Erhellung des Unbewussten umschrieben ist« (294f).

Wenn der Held oder die Heldin wieder in die Alltagswelt zurückkehrt, bringt er einen kostbaren Schatz oder eine neue Fähigkeit mit. Diese Fähigkeit wird oft als Verstehen der Tiersprache geschildert. In dem Märchen »Die drei Sprachen« kommt der Held, der Dummling, dreimal wieder nach Hause und jedes

Mal hat er eine neue Sprache gelernt: die Sprache der bellenden Hunde, der Vögel und der quakenden Frösche. Diese drei Sprachen symbolisieren das stufenweise Vertrautwerden mit den drei Elementen Erde, Luft und Wasser, die für Vitalität, Geist und Unbewusstes stehen. Mit Hilfe dieser drei Sprachen kann der Held vielen Menschen helfen und wird schließlich zum Papst gewählt, er kommt zu seiner eigenen Vollendung. Als er auf seiner Wanderung in einer Burg übernachten will, weist ihn der Burgherr in den alten Turm. Aber er warnt ihn vor den wilden Hunden, die dort hausen und jeden verschlingen, der sich ihnen naht. Doch der Held hat keine Angst, er nimmt Essen mit und spricht mit den bellenden Hunden. Sie verraten ihm, dass sie deshalb so bellen, weil sie verwünscht sind und im Turm einen großen Schatz hüten müssen. Erst wenn der Schatz gehoben würde, kämen sie zur Ruhe. Sie zeigen dem Jüngling den Ort, wo der Schatz verborgen ist. So kann er eine mit Gold gefüllte Truhe heben und dem ganzen Land Frieden und Wohlfahrt bescheren.

Das ist ein wichtiges Bild für die Verwandlung. Verwandelt wird der Mensch, wenn er auf die Sprache der bellenden Hunde hört und den Schatz hebt, den sie mit ihrem Bellen anzeigen. Laiblin fasst die Botschaft dieses Märchens so zusammen: »Lerne zuerst einmal die Sprache der bellenden Hunde in dir verstehen und nähere dich ihnen als Freund und Bruder. Dann werden sie dir sagen, dass sie, die Verstoßenen, Verachteten und Gefürchteten, nur darum so unruhig sich gebärden, weil sie als deine treuesten und besten Freunde deine Aufmerksamkeit auf den verborgenen Schatz lenken wollen, der im Grunde deiner Seele auf dich wartet und den zu heben deine eigentliche Aufgabe ist. Mensch, werde wesentlich!, komme zu dir selbst, weg von der Oberfläche, hin zu der Tiefe, da der Goldschatz ruht. Das ist der eigentliche Sinn aller bellenden Hunde, aller neurotischen Konflikte, Nöte und Katastrophen« (297).

Dort wo die Hunde bellen, wo die Gedanken in uns lärmen, wo die Emotionen uns hin- und herreißen, wo Leidenschaften uns beherrschen, wo wir uns mit andern Menschen reiben, ohne dass eine Lösung des Konflikts möglich scheint, dort, wo die Symptome einer Krankheit sich zu Wort melden, dort liegt auch ein Schatz verborgen. Verwandlung heißt, dass wir die Sprache unserer Emotionen, unserer Träume, unseres Leibes zu verstehen suchen, dass wir mit den bellenden Hunden ins Gespräch kommen, damit sie uns auf den Schatz hinweisen, der auf dem Grund unserer Seele verborgen liegt. Und gerade dort, wo es in uns lärmt und bellt, sollen wir nach dem Schatz suchen und graben. Die bellenden Hunde, so sagt uns das Märchen, kommen nicht eher zur Ruhe, bis der Schatz gehoben ist. Wenn wir gut genug auf ihr Bellen hören, so zeigen sie uns den Schatz nicht nur an, sondern verraten uns auch, wie wir ihn heben können. Wir müssen gut auf unsere Gefühle hören, auf den Lärm unserer Emotionen, auf unsere unangemessenen Reaktionen, auf unsere Empfindlichkeiten, auf die Stellen, wo wir uns ohnmächtig fühlen und nicht weiterkommen, und auf die Beschwerden unseres Leibes, dann werden sie uns auch verraten, wie wir an den Schatz kommen können, der unter ihnen verborgen liegt.

Das Märchen »Die drei Sprachen« endet damit, dass der Jüngling auf dem Weg nach Rom den quakenden Fröschen zuhört, die ihm verheißen, dass er zum Papst gewählt wird. Tatsächlich betritt er im Augenblick der Papstwahl die Kirche in Rom. Da fliegen zwei schneeweiße Tauben auf seine Schultern und bleiben dort sitzen. Das ist für die Kardinäle ein Zeichen dafür, dass er zum Papst erkoren sei. Er muss nun eine Messe singen. Er weiß kein Wort, aber die zwei Tauben flüstern ihm alles ins Ohr. Das »Märchen will im symbolischen Bilde sagen, dass, wer die Sprache der Tiere erlernt hat und in unmittelbarer Verbindung mit ihnen steht, wer ferner ohne Furcht die ungeheure Aufgabe der Erlösung der bellenden Hunde und der Hebung des Goldschatzes aus der Tiefe (der Seele) hinter sich gebracht hat, damit fähig und frei geworden ist zu der schweren und verantwortlichen Aufgabe religiöser Wegleitung und Führung. Er ist ein Berufener, ein von Gott selbst und gegen seinen eigenen Willen zu dieser Aufgabe Gerufener geworden, trotz des Bewusstseins eigenen Unwerts, trotz des Erschreckens, das ihn bei diesem Ruf überkommt und das stets als Merkmal echter Berufung in den Berichten aller Zeiten genannt ist« (Laiblin 298f). Die Verwandlung, die der Jüngling erfahren hat, befähigt ihn nun zum Begleiter anderer, zum Seelsorger für die, die nach »Einsicht in verborgene Welt- und Lebenszusammenhänge« (298) suchen, die verstehen wollen, was sich in ihrer Seele tut und wozu sie berufen ist.

So zeigen uns die Märchen, dass es keine gelungene Menschwerdung gibt ohne Verwandlung. Bevor wir in der Hochzeit die Vereinigung der Gegensätze und die Vollendung unserer Selbstwerdung feiern können, muss in uns vieles verwandelt werden. Unser ganzes Leben ist ein Prozess der Wandlung. Zuerst wandeln sich Unschuld und Naivität in Konflikte und Schuldverstrickung. Darin werden wir mit unseren Emotionen und Trieben konfrontiert. Manchmal werden unsere Triebe in ein Tier verwandelt oder ein Mensch verflucht uns, weil wir ihm zu viel Macht gegeben haben. Dann müssen wir selbst schmerzvolle Wege gehen oder ein anderer muss für uns vieles auf sich nehmen, damit das Tier in uns wieder in einen Menschen verwandelt werden kann, der dann fähig ist, Hochzeit zu halten und als König oder Königin ein Land zu regieren.

Die Märchen beschreiben die Aufgabe des Seelsorgers als die eines Begleiters, der den Wandlungsprozess eines Menschen unterstützt, ja der ihn manchmal auch erst hervorruft, indem er das Sternenhemd seiner Geduld und Liebe, seiner Akzeptanz und seiner Empathie über den andern wirft, damit die eigentliche Gestalt hervorkommen kann, oder indem er das Harte und Versteinerte in ihm berührt, damit es wieder lebendig wird und aufblüht. Manchmal ist der Seelsorger auch der Fuchs, der dem Suchenden die Wege weist und dann am Ende selbst erlöst wird in einen Prinzen. Die Begleitung kann auch uns verwandeln und das Verwunschene in uns befreien.

Verwandlung in der Seelsorge

Seelsorge bedeutet einerseits die Sorge dafür, dass der Mensch mit seiner Seele in Berührung kommt, dass er aus der Seelenlosigkeit befreit und zu einem bewussten Leben geführt wird, zu einem Leben, das in Beziehung steht zur Innenwelt der Seele. Der Seelsorger hat die Aufgabe, die Menschen in ihr eigenes Inneres zu führen, damit sie dort die Quelle entdecken, die in ihnen sprudelt. Seelsorge ist mehr als Krisenmanagement, sie zeigt den Menschen den Reichtum ihrer Seele, ihrer Innenwelt, den Schatz im Acker, der ihrem Leben Erfüllung schenkt. Vom biblischen Begriff der Verwandlung her könnten wir Seelsorge aber auch als Sorge um die Wandlung des Menschen beschreiben. Es geht in der Seelsorge darum, Menschen auf ihrem Weg des Wachsens und Wandelns zu begleiten, ihnen die Schritte der Wandlung zu deuten und sie zu ermutigen, sich auf den Prozess der Wandlung einzulassen, bis hin zum Tod als der letzten großen Verwandlung.

Das Ziel des geistlichen Weges ist die fortschreitende Verwandlung des Menschen in das Bild Jesu Christi. Der Seelsorger hat die Aufgabe, die Christen bei der Verwandlung in das Bild Christi zu begleiten und den Prozess der Verwandlung immer wieder anzustoßen. Die Verwandlung kann im Gespräch, im gemeinsamen Anschauen der Gedanken und Gefühle, und im Achten auf die Träume und den Leib geschehen. Sie wird aber auch in den Riten der Liturgie bewirkt und durch die Symbole, die im Gottesdienst, in der Bibel und in der Meditation betrachtet werden. Oft kann der Seelsorger nur zuschauen, wie die Verwandlung geschieht, ohne dass er sagen kann, warum und wodurch sie sich vollzieht. Er kann nur dabeistehen und staunen, dass Gott immer wieder neu das Wunder der Verwandlung wirkt, an einzelnen Menschen und an einer ganzen Gemeinde. Im Folgenden möchte ich eine Seelsorge, die sich als Sorge für die Verwandlung des Menschen versteht, in einigen Schritten entfalten. Es ist kein Konzept, das hier geboten wird, sondern nur ein paar Anregungen, in dieser Richtung weiterzudenken und so einen genuin biblischen Begriff, der in der Jung'schen Psychologie aufgegriffen wurde, für unser Verständnis von Seelsorge fruchtbar zu machen.

VERWANDLUNG DER GEFÜHLE UND LEIDENSCHAFTEN

In der früheren Askese waren wir zu sehr darauf fixiert, uns von negativen Gedanken und Gefühlen fern zu halten. Gefühle wie Zorn und Wut sind nicht gut, daher muss man sie abschneiden. Eifersucht muss man vermeiden, die Sexualität im Zaum halten. So gut das alles gemeint und in vielen Fällen auch richtig war, so liegt darin doch auch die Gefahr, dass wir mit den Leidenschaften auch die Kraft beschneiden, die in solchen Gefühlen liegen kann. Emotionen und Sinnlichkeit blieben eine Bedrohung von außen, sie waren der Gegner, vor dem man die Stadttore verschließen musste. So blieben sie draußen und konnten nicht verwandelt werden. Man verhandelte nicht mit dem Gegner, sondern hielt ihn in Distanz. Damit wurde aber auch nie wirklicher Friede erreicht. Das Leben war ein ständiger Kampf, und oft genug hat der Kampf die Menschen überfordert. Im Bild des Märchens von den drei Sprachen gesprochen, haben wir die bellenden Hunde in den Turm ein- und uns selbst damit ausgesperrt. Wir wollten mit den Leidenschaften nicht in Berührung kommen, wir wollten sie nur von außen her anschauen, aber nicht durch sie hindurchgehen. So konnten uns die bellenden Hunde auch nicht den Weg zum Schatz zeigen, der in uns verborgen liegt. Die Hunde blieben wild und bellend im Turm eingesperrt. Wir aber blieben draußen, vom eigenen Lebenshaus ausgeschlossen, ohne Beziehung zu den Tiefen unserer Seele, in denen ein Schatz verborgen liegt.

Der Weg der Wandlung würde bedeuten, dass ich meine Gefühle und Leidenschaften anschaue und mit ihnen bewusst umgehe, dass ich mit den bellenden Hunden ins Gespräch komme und mich von ihnen zum Schatz führen lasse, dass ich mit den Urkräften und Leidenschaften verhandle, die mich bedrohen, und mit ihnen Frieden schließe. Dann wird meine Stadt größer und neue Möglichkeiten tun sich darin auf. Dabei ist das Prinzip der Wandlung wichtig, dass zwei Gegensätze miteinander in Dialog treten. Ich darf mich von meinen Gefühlen und Leidenschaften nicht beherrschen lassen. Denn dann versinke ich darin, und es wird sich nichts in mir verwandeln. Es geht vielmehr darum, dass ich von meinem Ich aus die Gefühle und Leidenschaften anschaue und bewusst mit ihnen umgehe, ihnen meinen Verstand und meinen Willen entgegensetze, nicht um sie abzuwürgen, sondern um in ihnen etwas in Bewegung zu bringen.

Dabei geht die Verwandlung wie in den Märchen entweder durch das Entgegensetzen oder durch das Auf-den-Grund-Gehen. Ich kann die Gefühle und Leidenschaften anschauen und mit ihnen umgehen. Ich kann sie zur Verwandlung zwingen, indem ich ihnen Widerstand entgegensetze, so wie die Wasserkraft nur durch einen Staudamm in Elektrizität verwandelt werden kann. Oder aber ich kann mich in die Emotionen und Leidenschaften hineinlassen, in die bisher verschlossene Welt des Unbewussten, das sich in ihnen meldet, einsteigen, um dann mit einer neuen Kraft beschenkt wieder aufzutauchen. Ich kann mich mit dem Gegner vertraut machen, seine wahren Absichten erkunden, mit ihm verhandeln und so Frieden schließen. Aber bei allem, was ich selbst tun kann, muss ich mir immer bewusst sein, dass Verwandlung kein Trick ist, den man lernen kann. Vielmehr geschieht sie einfach. Und manchmal weiß ich gar nicht, wann und wie und warum sich etwas in mir verwandelt. Das Leben selbst wandelt mich. Jeder Weg, den ich gehe, ist ein Wandlungsweg. Schon vom Wort her hängen Wandern und Wandeln eng miteinander zusammen. Die vielen Wege, auf denen ich wandle, wandeln mich. So geht es einfach darum, sensibel zu werden für das Geheimnis der Verwandlung, die in jedem von uns geschieht.

Ich möchte die Verwandlung der Leidenschaften anhand der alten Acht-Lasterlehre aufzeigen, in der sich die Psychologie des frühen Mönchtums ausgedrückt hat. Dabei wird deutlich, wie wir mit den acht oder neun *logismoi* (emotionsbeladene Gedanken) umgehen sollen, damit die *logismoi* in *logoi* verwandelt werden, in Worte des Lebens, in Wegweiser und in Prinzipien gelungenen Lebens. Es geht nicht darum, die Leidenschaften zu vernichten, sondern sie zu reinigen, damit wir durch die Emotionen und die Sinnlichkeit hindurch in Berührung kommen mit unserem innersten Kern, mit unserer Seele. Richard Rohr meint, wir müssten unsere Leidenschaften anzapfen wie eine Energiequelle, um durch sie hindurch an unsere innere Energie heranzukommen (vgl. Rohr/Ebert 34). Wir müssen durch die Leidenschaften hindurchgehen, »und auf der anderen Seite wieder auftauchen, dann stehen wir vor der Tiefe unseres Selbst. Dort finden wir eine gereinigte Leidenschaft, eine geläuterte Kraft, unser bestes und wahres Selbst« (Rohr/Ebert 36).

Die Acht-Lasterlehre beschreibt nicht moralische Fehler und Sünden, sondern Hindernisse auf dem Weg der Menschwerdung. Sie nennt normalerweise acht *logismoi*, die den Menschen bedrängen. Evagrius Ponticus, der um das Jahr 380 diese Lehre am klarsten entfaltet und dargestellt hat, kennt aber auch noch eine neunte Leidenschaft, den Neid. Damit wird seine Typologie der menschlichen Gefährdung identisch mit der Lehre des Enneagramms, das heute modern geworden ist. Es sind acht bzw. neun *logismoi*, Gedanken und Gefühle, Leidenschaften und Triebe, die jeden Menschen bestimmen wollen. Sie können ihn beherrschen und versklaven, aber sie können auch Führer werden zur *apatheia*, zur Gesundheit der Seele. Sie können zu Quellen von Lebendigkeit und unerschöpflicher Energie (vgl. Evagrius, Praktikos 56) werden.

Wir müssen uns den Leidenschaften stellen und sie verwandeln, wenn wir zu uns selbst finden und für Gott offen werden möchten. Für die Mönche war der Umgang mit den Leidenschaften das zentrale Thema ihrer Askese. Bevor sie über die Beziehung zu Gott sprachen und über den Weg des Gebetes, widmeten sie sich ihren Leidenschaften. Sie wollten so mit ihnen umgehen, dass sie von ihnen nicht beherrscht würden, sondern dass sie miteinander und mit dem eigenen Personkern in Einklang kämen. Der Weg dahin geht nicht über die Ausrottung der Sinnlichkeit, sondern über ihre Verwandlung, nicht über das Einsperren, sondern über das Hineingehen in die Leidenschaften und über das Gespräch mit ihnen.

Evagrius Ponticus, der wichtigste geistliche Autor des frühen Mönchtums, unterscheidet im Menschen drei Bereiche, den begehrlichen (epithymia), den emotionalen (thymos) und den geistigen Teil (nous). Sie entsprechen dem Bauch-, Herz-, und Kopfbereich des Enneagramms. Jedem dieser Bereiche entspringen jeweils drei Laster. Die drei Laster des begehrlichen Teils beziehen sich auf die Grundtriebe im Menschen. Die Völlerei entstammt dem oralen Trieb, alles zu vereinnahmen, die Unzucht hat mit der Sexualität zu tun und die Habsucht bezieht sich auf den Besitztrieb, den die Psychoanalyse der analen Phase zuordnet. Diese drei Triebe kann der Mensch nicht verleugnen. Denn dann würde er seine eigene Lebendigkeit abschneiden. Die Triebe müssen verwandelt werden, wie C.G. Jung es schon in seiner Psychologie gefordert hat. Bei Jung werden die Triebe durch die Symbole als Umformer verwandelt. Bei Evagrius sind es bewusste Handlungen, die der Mensch gegen die Triebe setzen soll, damit sie umgewandelt werden. Wenn ich lange genug eine bestimmte Übung, z.B. des Fastens oder der täglichen Meditation, durchhalte, dann wird sie mich verwandeln. Die Mönche vertrauen darauf, dass eine bestimmte Lebensweise die Leidenschaften verwandelt.

Wenn der Mensch mit Essen seine negativen Gefühle oder seine Sehnsucht nach Liebe zustopft, dann schadet er sich selbst. Das viele Essen und das Übergewicht macht ihn erst recht unzufrieden. Manche bestrafen sich dann selbst mit Fasten. Aber oft kreist ihr ganzes Denken dann nur noch um Essen und Fasten. Das Verlangen zu essen muss verwandelt werden. Ein Ziel dieser Verwandlung ist die Genussfähigkeit. Statt sich das Essen zu verbieten, muss es verfeinert werden. Wenn ich bewusst mein Essen genieße, dann werde ich nie zu viel essen. Wenn ich mir ein gutes Essen gönne, werde ich auch andern etwas gönnen. Die Genussfähigkeit ist ein wesentliches Kennzeichen eines gesunden Menschen. Genießen kann ich aber nur, wenn ich auch verzichte, wenn ich mich nicht einfach dem Essensdrang überlasse, sondern wenn ich dem Trieb bewusst mein Maß, meinen Verstand und meinen Willen entgegensetze.

Doch verwandelt wird das Bedürfnis zu essen nicht allein durch Disziplin, sondern wenn ich mich in das Verlangen selbst hineinspüre, mich ganz auf das Essen und Genießen einlasse. Wenn ich bewusst tue, was sonst unbewusst abläuft, dann komme ich an die eigentliche Qualität von Essen heran, und dann wird mich der Trieb zu essen auf Gott hin treiben. Das höchste Ziel des Essens ist ja das Einswerden mit Gott. Alle Religionen kennen die heilige Mahlzeit. In allen Menschen steckt die Ahnung, dass sie im Essen in Berührung kommen mit einer göttlichen Kraft, mit göttlicher Qualität, ja mit Gott selbst. Was vom Essen gilt, stimmt für jeden Trieb. Diese Urkräfte wollen uns letztlich zu Gott hin treiben. Doch damit sie uns wirklich zu Gott treiben, müssen sie verwandelt werden. Ohne Verwandlung werden wir durch die Triebe zu Getriebenen, zu Menschen, die ohne Ziel hin- und hergetrieben werden von ihren eigenen Leidenschaften.

Ähnlich ist es mit der Sexualität. Die Asketen hatten oft genug Angst vor der Sexualität und versuchten, sie mit Gewalt im Zaum zu halten. Dadurch aber wurde sie erst recht hervorgelockt und gezwungen, sich ständig zu regen. Bei Skrupulanten merkt man, dass die verdrängte Sexualität ihr ganzes Denken beherrscht. Ständig sind sie bei dem, was sie verdrängen und abschneiden. Die Sexualität lässt sich nicht verleugnen. Sie will verwandelt werden. Die Sexualität will mich letztlich auch zu Gott hin treiben. Sie hat eine religiöse Funktion. Das werde ich aber nicht erfahren, wenn ich sie nur mit Askese und Disziplin in Griff bekommen möchte. Auch hier ist beides nötig, die bewusst entgegengesetzte Disziplin und das bewusste Zulassen und Erspüren der Sexualität. Viele Menschen schwanken ständig zwischen dem Unterdrücken und dem Nachgeben hin und her. Sie bleiben vor der Sexualität stehen und sperren sie aus, indem sie die Türen ihres Hauses vor ihr verschließen. Sie spüren sich nicht in ihre Sexualität hinein. Sie gehen nicht in den Turm hinein, um mit den bellenden Hunden zu sprechen. So können sie auch den Schatz nicht heben, auf den sexuelle Phantasien und Wünsche hinweisen.

Die Verwandlung der Sexualität braucht nicht nur die Disziplin, sondern auch die Offenheit, sich auf sie einzulassen und sie bewusst zu erspüren und zu erleben. Bewusst erleben heißt natürlich nicht, dass ich unbedingt mit dem andern schlafen muss. Ich muss zunächst einmal bei mir bleiben und mich in die eigenen Gefühle, in die Regungen des Leibes und in meine Phantasien und Sehnsüchte hineinfühlen. Ich kann sie anschauen und zu Ende denken. Was meldet sich wirklich in meiner Sexualität zu Wort? Wohin will sie mich treiben? Dann kann mich meine Sexualität entweder für das Du eines Menschen öffnen und mich durch eine Freundschaft zu einer Frau oder einem Mann befruchten, oder sie kann hineinströmen in meinen Leib, in dem und mit dem ich mich lebendig fühle, in meine Arbeit, in Beziehungen und in meine Liebe zu Gott.

Natürlich ist das nicht so einfach. Es gibt keinen Trick, der die Verwandlung garantiert. Ja, bei manchen Menschen verwandelt sich ihre Sexualität, indem sie sie ohne Maß ausleben. Hier können wir gar nicht sagen, was da verwandelt. Wir können nur erstaunt feststellen, dass sich gelebte Sexualität wandeln kann, während die ständig ausgesperrte Sexualität unverwandelt im Turm bleibt und nicht aufhört, bedrohlich zu bellen. Natürlich kann man sich auch auf seine Sexualität fixieren, wenn man sie auslebt. Verwandlung verlangt offensichtlich ein ständiges Weitergehen und Suchen nach dem Eigentlichen. Meine Sexualität wird nur verwandelt werden, wenn ich mich in den Turm der bellenden Hunde hineinwage, gut mit ihnen umgehe und mit ihnen ins Gespräch komme, wenn ich sie nach dem Grund ihres wilden Gebarens frage. Dann können mir die Hunde den Schatz zeigen, der gerade in meiner Sexualität liegt und auf den sie mich verweisen möchte.

Im Streben nach Besitz steckt die Sehnsucht nach dauernder Ruhe. Besitz will mir Ruhe verschaffen. Aber wir machen die Erfahrung, dass wir desto unruhiger werden, je mehr wir besitzen. Der Besitz kann uns besessen machen. Die Armut, die uns die Bibel empfiehlt, kann leicht auch zu einer Lebensverneinung führen. Man gönnt sich nichts mehr, man hat immer gleich ein schlechtes Gewissen, wenn man auf sein Haus oder seine Bankkonten sieht. Das Streben nach Besitz kann unsere tiefsitzende Angst nicht vertreiben, dass wir einmal mittellos und arm dastehen werden. Die Angst kann unser Besitzstreben zu einem krampfhaften Festhalten pervertieren. Hier kann die Habsucht nur verwandelt werden, wenn wir sie nach innen wenden, wenn wir den Reichtum in unserer Seele suchen, wenn wir Ausschau halten nach dem Schatz im Acker, nach der kostbaren Perle, Bilder für unser Selbst, für Gott auf dem Grund unserer Seele. Doch damit wir unsern Schatz in der Innenwelt unserer Seele suchen, müssen wir unserem Streben nach äußerem Besitz Grenzen setzen. Sonst werden wir davon beherrscht und umgetrieben. Dabei geht es nicht zuerst um Radikalität, sondern um ein gutes Gleichgewicht zwischen Sichgönnen und Verzichten, zwischen Besitzen und Loslassen. Die Habsucht wird verwandelt, wenn wir unseren inneren und äußeren Besitz mit andern teilen. Es geht nicht um Lebensverneinung, sondern um Teilen des Lebens. Der Besitz lässt uns teilhaben an Gott, wenn wir ihn mit unsern Brüdern und Schwestern teilen.

Die drei *logismoi* des emotionalen Teils sind Traurigkeit, Zorn und *acedia*. Die Verwandlung der Emotionen ist für Evagrius eine lebensnotwendige Aufgabe auf dem Weg zu innerem Frieden und zum Einswerden mit Gott. Wir können in den Emotionen stecken bleiben. Dann finden wir nie zu uns selbst. Und dann werden wir Gott immer mit einem Gefühl identifizieren und nie zum wahren Gott gelangen. Wenn wir aber die Emotionen nur unterdrücken, verliert unser Leben jeden Geschmack, es wird langweilig, trocken und fad. Die Verwandlung der Emotionen ist nach Evagrius vor allem die Aufgabe der Lebensmitte. Da müssen wir uns den Gefühlen stellen und uns von ihnen zu neuen Lebensmöglichkeiten führen lassen.

Die Traurigkeit meint nicht die Trauer, in der ich einen Verlust verarbeite, sondern ein unfruchtbares Selbstmitleid, ein ständiges Jammern, dass alles so schlimm sei und sich keiner um einen kümmere. Sie kann sich wandeln, wenn ich mit meinem Verstand die Gründe meiner Traurigkeit zu entdecken suche. Da werde ich auf übertriebene Wünsche stoßen, auf Illusionen, die ich mir vom Leben gemacht habe, auf Phantasien von Glück und Erfolg, von Macht und Ansehen. Wenn ich mich diesen Vorstellungen stelle, kann mein Leben wahrer und echter werden. Auf dem Grund der Traurigkeit begegnen wir oft auch einem starken Drang nach Leben und Liebe. Die Traurigkeit wird sich wandeln, wenn wir dieser Lust am Leben Raum geben. Dann hat uns die Traurigkeit zum Schatz geführt, der in uns gehoben werden möchte.

Der Verstand allein kann jedoch das Gefühl der Traurigkeit nicht vertreiben. Wenn jemand traurig ist, hat es keinen Zweck, ihm zu sagen, er habe keinen Grund dazu, er solle doch froh sein. Gefühle kann man nicht befehlen und sich nicht mit dem Verstand erarbeiten. Auch hier kann Verwandlung nur geschehen, wenn ich mich in das Gefühl der Traurigkeit hineinlasse, ihm auf den Grund gehe. Dann kann mich meine Traurigkeit in eine tiefe Ahnung vom Geheimnis des Lebens führen. Es gibt ja auch eine süße Traurigkeit, eine Melancholie, die dem Leben einen herben, aber doch schönen Geschmack gibt. Mich in meiner Traurigkeit einrichten und im Selbstmitleid schwimmen, führt nicht weiter, aber durch die Traurigkeit hindurch mich vortasten in den Grund meines Lebens, in den Grund meiner Einsamkeit, meiner Individualität, das tut gut und gibt mir Tiefe und Dichte. Die Traurigkeit über die Wunden, die mir das Leben geschlagen hat, kann mich öffnen für den innersten Kern meines Herzens. Sie lässt mich ganz bei mir sein. Und sie schenkt mir eine neue Qualität von Lebendigkeit. Wie die Verwandlung der Traurigkeit aussehen kann, hat Romano Guardini in seinem Buch »Vom Sinn der Schwermut« wunderbar beschrieben.

Die Alten unterscheiden zwischen Trauer (penthos) und Traurigkeit (lype). Der Trauernde kann weinen, während man in der Traurigkeit nur weinerlich ist. In der Traurigkeit bleibt der Mensch meistens stecken, weil er nur um sich kreist. Die Trauer dagegen wandelt sich oft unmerklich in Freude. Oft kann man nicht unterscheiden, ob einer Tränen der Trauer oder der Freude weint. Damit meine Traurigkeit in Freude verwandelt werden kann, muss ich sie erst einmal in Trauer wandeln. Ich muss sie bewusst spüren und erleben, anstatt von ihr festgehalten zu werden. Richard Rohr zitiert das heute gültige Axiom: »Ich habe ein absolutes Recht auf meine Gefühle.« Viele meinen, sie hätten ein Recht auf ihre Traurigkeit und Sentimentalität. Aber das führt oft dazu, dass sie im Brei ihrer Gefühle untergehen. Rohr rät daher:

»Du musst an den Punkt kommen, wo du dich auch von deinen Gefühlen lösen kannst, sonst hast du am Ende keine Gefühle mehr – sondern die Gefühle haben dich« (Rohr/Ebert 34).

Der zweite *logismos* des emotionalen Bereichs ist der Zorn. Viele meinen, sie dürften nicht wütend sein, weil das gegen das Gebot Christi verstoße. Aber in der Wut steckt immer auch eine positive Kraft. Wenn einer wütend wird, weil ein anderer ihn verletzt hat, dann hilft es meistens nicht weiter, wenn er sich zwingt, dem andern zu vergeben. Er möchte ihm vergeben, aber die Wut wird immer wieder hochkommen. Er muss sich erst in die Wut hineinfühlen, sie vielleicht bewusst ausagieren, indem er in den Wald geht und die Wut herausbrüllt. Die Vergebung steht am Ende der Wut und nicht am Anfang. Wenn ich mich in die Wut hineinspüre und sie nicht gleich fromm überspringe, wenn ich mir eingestehe, wie sehr mich der andere verletzt hat und wie weh das tut, wenn ich meine Wut in einer guten Weise ausagiere, dann kann ich am Ende der Wut mit dem Gefühl von Mitleid und Barmherzigkeit in Berührung kommen. Ich werde erkennen, dass der andere auch nur ein Mensch ist, der verletzt

ist und daher verletzen muss. Wut wandelt sich dann wirklich in Vergebung, die aus echtem Mitfühlen entspringt, die nicht nur vom Willen ausgeht, sondern auch das Herz erreicht.
Ein unbewusster Wutausbruch hilft nicht weiter. Denn er ist ungerichtet und verpufft wirkungslos. Er hinterlässt höchstens Unzufriedenheit. C.G. Jung hat die Erfahrung gemacht, dass ein unkontrollierter Zornausbruch eine Psychose auslösen kann. Auch hier muss die Wut bewusst angeschaut und erfühlt werden. Der bewusste Pol muss mit dem unbewussten Pol der Wut verbunden werden, damit sich die Wut wandeln kann. Und ich muss in Beziehung zu meiner Wut und in Beziehung zu den Menschen sein, gegen die ich wütend bin. Meinen Gefühlen freien Lauf zu lassen, schadet nur, weil sie an keine Grenze stoßen, die sie wandeln könnte. Das ist die Regel. Doch es gibt auch die Menschen, die Jahre lang Zorn und Wut leben, ohne darüber zu reflektieren. Und auf einmal ist der Vorrat an Wut aufgebraucht und darunter kommen andere Gefühle zum Vorschein, wie Sanftmut und Barmherzigkeit.
Hier kann man nicht sagen, was den Zorn verwandelt hat. Offensichtlich haben wir nur eine ganz bestimmte Menge an Wut in uns. Sobald sie verbraucht ist, wandelt sie sich in Güte und Mitleid. Das kann uns Gelassenheit schenken, wenn wir in der Begleitung eines Menschen, der unter seinen Aggressionen leidet, keinen Fortschritt sehen. Auch wenn er keinen Weg findet, mit seinen Aggressionen umzugehen, irgendwann einmal werden sie sich wandeln in Sanftmut und Barmherzigkeit. Viele meinen, sie hätten gar keine Wut. Aber wenn sie sich auf eine geistliche oder therapeutische Begleitung einlassen, kommen sie auf einmal mit tiefsitzenden Gefühlen von Wut und Zorn in Berührung. Sie spüren auf einmal Wut gegen ihre Eltern, die sie immer klein gehalten haben. Aggressionen kommen hoch, dass sie bisher noch nie gelebt hätten, dass das Leben an ihnen vorbeigegangen sei, dass sie von ihren Eltern, von der Kirche, be-

trogen worden seien, dass ihnen ihre Askese das Beste des Lebens vorenthalten habe, dass sie sich noch nie etwas gegönnt, dass sie noch nie Lust erfahren hätten. Wenn sie dann ihre Aggressionen zulassen, kann in ihnen viel lebendig werden. Ein Priester, der lange genug angepasst gelebt hat, hat seine Aggressionen im Wald herausgeschrien. Auf einmal ist in ihm eine tiefe Lust auf seine Arbeit in der Pfarrei hochgekommen, auf einmal ist die Lähmung abgefallen, die ihn monatelang behindert hatte. Die verwandelte Wut führt zu einer neuen Lebendigkeit, zu neuer Freude am Leben. Wer seine Wut zu lange verdrängt, der verbraucht viel Energie, die ihm dann nicht mehr zur Verfügung steht, um frei und sinnvoll leben zu können. Die verdrängte Wut setzt sich im Leib nieder, zeigt sich in Antriebslosigkeit und Unlebendigkeit, in starren Muskeln, die sich wie ein Panzer um den Leib legen.

Die verwandelte Wut ist auch die Bedingung, dass das geistliche Leben wieder zu strömen beginnt. Manche verstehen ihr geistliches Leben als Leistung, die sie neben der Arbeit auch noch zu bewältigen haben. Sie verbrauchen viel Energie, um die Wut zu unterdrücken, die oft genug in der Seelsorge hochkommt. Und so fühlen sie sich antriebsgelähmt, überfordert. Oft muss erst einmal die Wut angeschaut und ausagiert werden, damit sie wieder in Berührung kommen mit der eigenen Kraft und mit der Quelle des Geistes, die in ihnen sprudelt. Auf einmal bekommt auch ihr geistliches Leben neuen Geschmack und neue Vitalität. Das zeigt schon das Beispiel des Atems. Der Atem verbindet Kopf, Herz und Bauch, Verstand, Gefühl und Vitalität. Eine Schwester, die ihre Gefühle abends immer durch Krimilesen zustopfte, konnte bei der Meditation nicht durchatmen. Ihr Atem hörte unterhalb des Herzens auf. In der geistlichen Begleitung mussten erst ihre negativen Gefühle wie Frustration und Ärger angeschaut werden. Und danach wurden die Sexualität und die Sehnsucht nach Beziehung zum

Thema. Erst dann ging der Atem beim Ausatmen bis in den Unterbauch. Aber der Atem war nur ein Zeichen dafür, dass es in ihr überhaupt lebendiger geworden ist. Sie empfand das geistliche Leben nicht mehr als Last, sondern sie hatte Lust daran, sie erlebte es als Quelle, aus der sie für sich und für ihre Arbeit schöpfen konnte.

Das dritte Laster des emotionalen Teiles ist die *acedia*, die Lustlosigkeit, die Unfähigkeit, sich auf den Augenblick einzulassen. Man ist nie dort, wo man gerade lebt. Wenn man arbeitet, möchte man beten. Wenn man betet, findet man keinen Geschmack daran. Man kann weder die Arbeit noch das Gebet, ja nicht einmal das Nichtstun genießen. Immer möchte man woanders sein. *Acedia* ist eine innere Zerrissenheit. Man hat keine Mitte mehr, von der aus man sich auf die Arbeit oder auf das Gebet oder auf das Nichtstun einlassen könnte. Man wird von den äußeren Dingen hin- und hergerissen. Evagrius meint, der Dämon der *acedia* sei der gefährlichste, da er die Seele des Menschen auseinanderreiße. Man ist hin- und hergezerrt, immer unzufrieden. Man hat zu nichts Lust. Man ist unfähig, im Augenblick zu sein. Immer zieht es einen anderswohin, bis man in sich total zerrissen wird.

Wer sich ausgebrannt fühlt, der erfährt die *acedia* als Lustlosigkeit, als Widerwillen gegen alles, als innere Zerrissenheit und Unzufriedenheit. Auch hier hat es keinen Zweck, dieses Gefühl moralisch anzuschauen und sich zusammenzureißen, weil man dazu keinen Grund hätte. In der *acedia* will sich etwas Neues zu Wort melden. Ich soll sie nicht einfach unterdrücken, sondern mich in den Grund meiner Unlust hineinfühlen. Was entdecke ich auf dem Grund meiner Unzufriedenheit? Vielleicht will da in mir etwas anderes sich entfalten und aufblühen, was ich bisher vernachlässigt habe. Vielleicht komme ich an die Grundentscheidung meines Lebens, ob ich ja sage zu mir und meinem Leben, so wie es geworden ist, oder ob ich in der Auflehnung dagegen verharre. Vielleicht entdecke ich meine Unfähigkeit zur Beziehung, meine Weigerung, mich wirklich einmal treffen zu lassen von Gott, von einem Menschen. Wenn ich bewusst in meine *acedia* hineinschaue, kann sie sich verwandeln in neue Lebendigkeit, in Wahrheit und Echtheit. Auf dem Grund meiner *acedia* kann dann zaghaft und leise ein neues Ja zu meinem Leben in seiner konkreten Bedingtheit wachsen, die Bereitschaft, mich fallen zu lassen und mich hinzugeben an den Gott meines Lebens.

Vielleicht ist die *acedia*, das Ausgebranntsein, aber nur ein Symptom für krankmachende Arbeitsbedingungen. Dann müsste ich die Arbeitssituation ändern. Die Schwedinnen Bronsberg und Vestlund meinen, eine Arbeit, bei der ich keine klar umrissenen Ziele habe, mit schlechtem Arbeitsklima, mit unzulänglichen Vorgesetzten, mit wenig Anerkennung, wenn etwas gelungen ist, mit zu vielen Aufgaben, die in zu kurzer Zeit bewältigt werden müssen, mit schlechtem Überblick und mangelhafter Nacharbeit, würde zum Ausbrennen führen. Dann hat es natürlich keinen Zweck, das Gefühl des Ausgebranntseins zu verwandeln, sondern ich muss die äußeren Verhältnisse ändern. Erst dann kann sich auch mein Gefühl wandeln. Wir dürfen unsere Gefühle nicht bewerten. Sie haben alle ihren Sinn. Oft genug blockieren uns die Gefühle natürlich. Die acedia z.B. kann uns innerlich zerreißen. Aber wir sollen uns in die Gefühle hineinspüren, um zu entdecken, was da in uns wach wird und leben möchte. Verwandlung meint, dass das Eigentliche durchkommt durch das äußerlich wahrnehmbare Gefühl, durch den Lärm meines Zorns, durch die Tierhaut meiner verdrängten Triebe. Es muss das Hemd meines Bewusstseins, meines Verstandes und meiner Liebe über die Tierhaut geworfen werden, damit die eigentliche Gestalt hervorgelockt wird. Die Verwandlung der Gefühle geschieht, indem ich die Gefühle bewusst anschaue, mit ihnen einen Dialog führe, mich in sie hineinspüre und sie zu Ende denke und fühle. Ich kann die Verwandlung allerdings durch keinen Trick herbeiführen. Sie ist immer ein Geschenk von Gott. Ich kann nur die Bedingungen schaffen, in denen Verwandlung möglich ist. Und die Bedingung besteht darin, die Gegensätze in mir miteinander ins Gespräch zu bringen, den Gegensatz von Verstand und Gefühl, von Bewusstem und Unbewusstem, von der Oberfläche und dem Grund in der Tiefe. Ich kann die Gegensätze in mir zueinander führen, aber verwandeln kann ich sie selber nicht. Das ist immer Gottes Tat, der jenseits der Gegensätze etwas Drittes, etwas Neues und Unerwartetes aufleuchten lässt.

Der geistige Bereich hat zwei Laster, Ruhmsucht und Überheblichkeit (hybris). In einer Schrift zählt Evagrius noch ein drittes Laster dazu, den Neid oder die Eifersucht. Somit wird das Modell der Achtlasterlehre identisch mit dem Enneagramm, das auch neun Bilder des Menschseins und neun Gefährdungen und Wurzelsünden kennt. Auch die geistigen Laster können wir nicht einfach abschneiden, sie wollen verwandelt werden. In der Ruhmsucht bin ich ganz und gar auf Anerkennung aus. Ich definiere mich von der Bestätigung durch die andern. Bei allem, was ich tue, überlege ich, was die andern davon halten und was sie dazu denken. Ich mache mich ganz und gar von der Meinung der andern abhängig. Ich richte mich nach dem, was mich bestätigt, was mich beliebt macht, was mir Anerkennung und Zuwendung verschafft. Und allmählich werde ich mehr und mehr fremdbestimmt. Auch wenn ich mir diese Gedanken verbiete, werden sie mich ständig verfolgen. Oder sie werden sich unmerklich in mich einschleichen, sodass die selbstloseste Tat doch letztlich nur der Anerkennung wegen geschieht. Die Ruhmsucht verwandeln würde bedeuten, dass ich das Positive in meiner Ruhmsucht sehe. Zumindest sind mir die andern nicht gleichgültig. Ich berücksichtige in allem auch die andern, ich achte auf ihre Gefühle und Gedanken.

Die Ruhmsucht verweist mich also auf die andern. Die frühen Mönche meinten, die Ruhmsucht sei für junge Menschen gut, weil sie sie zur Disziplin und zu einem konsequenten Leben anstachle. In der Ruhmsucht steckt eine große Kraft, die der junge Mensch sich zunutze machen sollte, ein Ehrgeiz, der ihn antreibt in seiner Arbeit und Askese. Doch spätestens in der Lebensmitte muss er dann den Antriebsmotor der Ruhmsucht beiseite legen und von innen heraus echt und richtig leben. Wir werden die Ruhmsucht nie ganz ausrotten können. Wer das meint, der merkt gar nicht, dass er mit seinen frommen Worten doch nur sich selber sucht. Anstatt unseren Ehrgeiz dazu zu verschwenden, dass wir die Ruhmsucht ausrotten, sollen wir sie als Stachel sehen, dass wir sorgfältig arbeiten, engagiert predigen, auf die Menschen eingehen und auf ihre Gefühle achten. Dann kann die Ruhmsucht zu einem wichtigen Motor werden, der uns antreibt, die Fähigkeiten und Möglichkeiten in uns zu entfalten und die eigenen Kräfte auch zu leben. Die verwandelte Ruhmsucht macht aus uns gute und fleißige Seelsorger, engagierte und beziehungsfähige Priester.

Der Neid entspringt aus dem ständigen Sichvergleichen. Sobald ich mich mit andern vergleiche, schneide ich immer schlecht ab. Denn es gibt immer andere, die Fähigkeiten haben, die ich bei mir vermisse. Aber wir können kaum vermeiden, dass wir uns mit andern vergleichen. Das ist ganz tief in uns eingewurzelt. Oft äußert sich der Neid in Klatschsucht. Man muss über andere reden, man sucht nach ihren Fehlern, weil man ihnen nicht gönnt, dass es ihnen gut geht. Eine andere Weise des Neides besteht darin, die andern ständig zu entwerten, um sich selbst aufzuwerten. Man spioniert ihre Fehler aus, um ihr Wissen zu disqualifizieren, um ihre Reife als Unreife zu entlarven und ihre Frömmigkeit als Heuchelei. Im Neid bin ich immer bei den andern, muss sie kleiner machen, um an die eigene Größe glauben zu können. Ich kann mein Leben nicht genießen, weil ich ständig auf die andern schiele, die es vielleicht besser haben. Sobald ich anfange, mich über etwas in meinem Leben zu freuen, entwerte ich die Freude, indem ich bei den andern etwas entdecke, das mir abgeht.

Die Frage ist, wie dieser Teufelskreis des Neides aufgebrochen und verwandelt werden kann. Es gibt keinen Trick, der mir die Verwandlung garantiert. Aber vielleicht wird sich der Neid wandeln, wenn ich ihn bewusst zulasse und zu Ende denke. Im Neid werde ich in Berührung kommen mit meinen tiefsten Wünschen und mit den Enttäuschungen, die mir das Leben bereitet hat. Ich spüre, was ich auch entfalten könnte und nicht zum Blühen gebracht habe. Statt meine Klatschsucht abzuschneiden, soll ich fragen, welche Sehnsucht darin steckt. Immerhin zeigt sich darin der tiefe Wunsch nach Beziehung. Ich rede über andere, ich kümmere mich um sie, wenn auch unter negativem Vorzeichen. Aber anstatt zu verurteilen, sollen wir immer an die Energie herankommen, die z.B. in der Klatschsucht steckt. Wenn ich den Neid zu Ende denke, dann kann er mich antreiben, in mir die Fähigkeiten zu entwickeln, die Gott mir geschenkt hat. Der Neid wird mich nicht mehr lähmen, sondern mich an die Quelle der eigenen Lebensmöglichkeiten heranführen.

Mit dem Neid verbunden ist die Eifersucht. Die Voraussetzung jeder Wandlung, der Gegensatz von Verstand und Gefühl, hilft bei der Eifersucht kaum weiter. Wenn der andere mir sagt, ich bräuchte doch nicht eifersüchtig zu sein, ich könne ihm doch vertrauen, so nützt das nichts. Das Gefühl lässt sich vom Verstand nicht vertreiben. Verwandelt wird es nur, wenn ich dem Gefühl nachgehe bis an seine Wurzeln. Was meldet sich in diesem Gefühl zu Wort? Einmal ist es sicher eine große Liebe zum andern, ein tiefes Interesse an seiner Person, die Sehnsucht, mit ihm zusammen zu sein und an seiner Seite zu leben.

Aber in der Eifersucht ist immer auch die Angst, den andern zu verlieren, und der Drang, ihn festhalten zu wollen. Solche Eifersucht kann eine Beziehung zerstören, weil sie den andern nicht atmen lässt. Die Eifersucht kann mich auch auf kindliche Wunden hinweisen, auf die Erfahrung, alleingelassen, in meinem Vertrauen enttäuscht worden zu sein. Wenn ich mich in meine Eifersucht hineinspüre, entdecke ich auf dem Grund meines Herzens eine tiefe Einsamkeit und zugleich eine große Sehnsucht nach Intimität und Liebe. Wenn ich mich aussöhne mit meiner Einsamkeit und meine Sehnsucht nach Nähe und Zärtlichkeit zulasse, dann kann in mir etwas zum Leben kommen. Dann zerstört die Eifersucht meine Beziehung nicht mehr, sondern befruchtet sie. Sich blind seiner Eifersucht zu überlassen, wirkt zerstörend, wie viele Eifersuchtsdramen zeigen. Die verwandelte Eifersucht aber bringt schöne Blüten leidenschaftlicher und tiefer Liebe hervor.

Die Hybris, Überheblichkeit, bezieht sich auf unser Verhältnis zu Gott und zu uns selbst. In meiner Hybris identifiziere ich mich mit meinen Idealbildern und weigere mich, meine Wirklichkeit anzuschauen. C.G. Jung spricht von Inflation, von Aufblähung. Ein Mensch bläht sich auf, indem er sich mit Archetypen identifiziert, die immer größer und weiter sind als die Person, etwa mit dem Archetyp des Reformators, des Heiligen, des Märtyrers. Sich mit einem Archetyp aufzuladen, wird gefährlich. Denn der Mensch wird blind für die Realität, er wird überschwemmt vom Unbewussten, er wird davon besessen. »Es gibt Männer wie Frauen, die, anstatt die Inhalte ihres Unbewussten zu realisieren, davon besessen werden. Dann identifizieren sie sich mit dem Archetyp des Selbst und nehmen die Pose des weisen alten Mannes oder der Großen Mutter ein. Stets wissen sie die letzte Wahrheit zu verkünden, wenn man jedoch genau anschaut, was sie sagen und wie sie sich benehmen, wird man erkennen, dass sie aus einer Besessenheit durch den Archetyp reden« (Franz 93).

Die Verwandlung der Hybris ist sehr schwierig. Stolze Menschen wissen über alles Bescheid, sie lassen sich nicht verunsichern, sie lassen niemand an sich heran, weder einen Menschen noch Gott. »Solche Menschen zu analysieren, bedeutet die Hölle, denn einerseits, spricht man vom Unbewussten, wissen sie alles darüber, und in der Tat haben sie dabei recht, aber sobald man versucht, sie davon wegzuholen, sagen sie, sie wüssten genug von dessen Wert, um das zu vermeiden. Meistens muss eine Neubildung des Gefühlswerts mit Hilfe des Unbewussten stattfinden, und das bedeutet eine lange, mühselige Arbeit« (Franz 94). Die Verwandlung wird also nur möglich, wenn der Stolze sich mit sich selbst konfrontiert und mit seinen Gefühlen in Berührung kommt. Das Wissen über seinen Zustand hilft überhaupt nicht weiter. Nur die Beziehung zum eigenen Herzen kann ihn von der Spaltung befreien, in die ihn der Stolz hineingeführt hat.
Eine Folge des Stolzes ist die Angst, unter der heute viele Menschen leiden. Die Angst kann den Menschen lähmen, sie kann ihn quälen und überall verfolgen. Manche haben Angst, einen Fehler zu machen, sich zu blamieren, andere haben Angst, einen lieben Menschen zu verlieren, wieder andere haben Angst vor Krankheit und Tod. Auch die Angst will mich auf einen Schatz hinweisen, der unter ihr verborgen liegt. Doch dazu ist es notwendig, dass ich die Angst annehme und sie anschaue. Ich muss die Angst zulassen und mich in sie hineinspüren. Wenn ich etwa Angst habe vor dem Verlust eines Menschen, Angst, dass eine Beziehung in die Brüche gehen könne, dann muss ich sie zugeben und mir sagen: Ja, es kann sein, dass die Beziehung auseinandergeht. Und ich habe Angst, allein zu sein, an meiner Einsamkeit zu leiden. Die Angst konfrontiert mich mit meiner Einsamkeit. Doch wenn ich zu meiner Einsamkeit Ja sage, dann kann mich die Angst auf den Grund meines Daseins führen.

Was trägt mich wirklich? Was schenkt meinem Leben Sinn? Die Angst führt mich zu den Grundfragen meiner Existenz: Warum lebe ich, wonach sehne ich mich, wofür lebe ich? Was ist der Sinn meines Lebens? Und letztlich führt mich jede Angst vor die Frage des Todes. In jeder Angst steckt ein Stück Todesangst. Die Verlustangst, die Versagensangst, die Angst vor der Sinnlosigkeit und die vielen andern Ängste sind alle nur Variationen der Angst vor unserer Endlichkeit, vor unserem Tod. Wenn ich mich meiner Angst stelle, dann kann sie verwandelt werden in eine neue Qualität von Leben, dann spüre ich das Geheimnis meines Lebens. Letztlich ist es eine religiöse Erfahrung, die ich dann machen kann. Ich erahne den Grund meines Lebens, Gott, der mich trägt, der meinem Leben Sinn gibt und der auch den Tod überwindet. In mir ist ein göttlicher Kern, der nicht sterben wird. In Gott werde ich auch über die Schwelle des Todes schreiten.

Die Angst kann sich nicht verwandeln, wenn wir sie nur unterdrücken oder vor ihr davonlaufen. Dann wird sie uns überallhin verfolgen. Und mitten in der schönsten Unterhaltung wird die Angst auf einmal hochsteigen und uns würgen. Graf Dürckheim meint, nur wenn wir das Sterben annehmen, könne aus den drei Grundängsten oder Grundnöten etwas Lichtes emporsteigen: »aus dem Zustande der Ohnmacht die Erfahrung einer überweltlichen Kraft; aus der Verdunkelung des Sinnes die Ahnung einer überweltlichen Ordnung; und aus der großen Verlassenheit die Erfahrung einer überweltlichen Liebe: Die Erfahrung also, dass das Sterben der Anfang eines neuen Lebens ist« (Überwelt 185). Unser Leben wird erst wirklich verwandelt, wenn die Grundängste und Grundnöte aufgebrochen und zum Ort der Gotteserfahrung werden. Wir müssen unserer Angst auf den Grund gehen, dann werden wir auf dem Grund Gott selbst begegnen, der unsere Dunkelheit in Licht, unsere Verlassenheit in Liebe und unser Sterben in neues Leben verwandelt. Anstatt unsere Angst zu unterdrücken, müssen wir uns von der Angst zum Schatz führen lassen, den sie hütet. Wir müssen die Sprache der Angst verstehen, damit wir auch den Schatz heben können, der sich unter ihr verbirgt.

Die Frage ist nun, wie wir als Seelsorger den Menschen bei der Verwandlung ihrer Gefühle und Leidenschaften helfen können. Der Seelsorger muss dem Menschen zunächst einmal Mut machen, seine eigenen Gefühle und Leidenschaften anzuschauen, ohne sie zu bewerten. Er muss ihn in die Kunst einführen, in seinen Gefühlen und Bedürfnissen zu entdecken, was sich zu Wort meldet und was leben möchte. Und er muss ihm helfen, seine Gefühle anzuschauen und sich ihnen zu stellen. Das Gespräch mit dem Seelsorger hilft dem Ratsuchenden, eine Distanz zu seinen Gefühlen aufzubauen, von der aus er sie objektiver und klarer sehen und besser mit ihnen umgehen kann.

Ohne diese Distanz kann man allzuleicht vom Sog seiner Gefühle überschwemmt werden und darin untergehen. Der Seelsorger ist wie eine Hebamme, die die eigentliche Gestalt im andern hervorlockt, die dem Kind, dem unverfälschten Kern in ihm, zur Geburt verhilft. Das geschieht, indem er mit dem andern seine Gefühle bespricht, ihn mit ihnen konfrontiert, ihm Mut macht, ganz in seine Gefühle hineinzugehen. Dabei darf er nicht bewerten, nicht moralisieren. Er muss die Gefühle einfach anschauen und dem Ratsuchenden dabei helfen, die Sprache der bellenden Hunde zu verstehen. Im Gespräch wird deutlich, welche Ausstrahlung der Seelsorger hat, ob von ihm das Vertrauen ausgeht, die Leidenschaft ohne Angst und Vorurteile anzuschauen, oder ob unbewusst eine Wertung aus seinen Worten und Gesten spricht, die es auch dem Gesprächspartner schwer machen wird, sich den Leidenschaften zu stellen und sie verwandeln zu lassen.

Wenn der Ratsuchende vor dem Seelsorger seine Gefühle ausagiert, dann ist die Situation konstelliert, die der Verwandlung förderlich ist: Der andere lebt seine Gefühle, aber er lebt sie nicht unbewusst und unbezogen, sondern in Beziehung zum Seelsorger und zu sich selbst. Dadurch kann er sich in seine Gefühle einlassen, ohne von ihnen aufgefressen zu werden. Die Beziehung zum Seelsorger ist wie ein Katalysator, der die Gefühle verwandelt. Aber zum Ausagieren muss auch das Sprechen und Reflektieren kommen. Manchmal kann es genügen, wenn einer lange genug seine Gefühle ausspricht. Durch das Sprechen können sich die Gefühle verwandeln. Auf einmal fühlt man sich frei und aufgeräumt.

Oft aber muss man genauer hinsehen und die Gefühle befragen, worauf sie hinweisen wollen, wofür sie z.B. Ersatz sind. Häufig sind Gefühle ja nur Ausdruck von verdrängten Bedürfnissen und Wünschen. Statt sich den Wünschen zu stellen, schlägt man sich mit den Gefühlen herum. Dann müsste man durch die Gefühle hindurch wieder in Berührung mit seinen Bedürfnissen kommen. Im Gespräch soll der Ratsuchende lernen, sich mit seinen Gefühlen und Leidenschaften auszusöhnen und in ihnen zu erkennen, was Gott in ihm hervorlocken möchte. So kann er langsam das Vertrauen gewinnen, dass gerade in seinen Leidenschaften ein Schatz verborgen liegt, dass seine Probleme eine Chance sind, tiefer zu graben und auf dem Grund der Seele die kostbare Perle zu finden, die Gott dort versteckt hat.

Der Seelsorger kann einem Ratsuchenden nicht helfen, wenn er sich mit seinen Gefühlen identifiziert. Die Aufgabe des Seelsorgers besteht gerade darin, über die Gefühle hinauszugehen auf eine Ebene jenseits von Denken und Fühlen, auf die transpersonale Ebene. Die transpersonale Psychologie meint, dass viele Persönlichkeitsdramen, die wir spielen und in denen wir uns mit unseren Emotionen, unserem Verletztsein, Zukurzgekommensein, Ungeliebtsein, identifizieren, die volle Entfaltung unseres Lebens behindern. »Sie gehören zu dem emotionalen Ballast, den wir mit uns herumschleppen. Abstand von den eigenen Dramen zu gewinnen, aber auch von den Dramen anderer, bedeutet meist eine große Erleichterung« (Fadiman 196). Es geht in der Seelsorge nicht nur um die Verwandlung der Gefühle, sondern um einen Identitätswandel. Ich identifiziere mich nicht mehr mit den Gefühlen, sondern ich schaue sie an, lasse sie zu, übersteige sie aber, um mit meinem innersten Kern, mit dem transpersonalen Selbst, in Berührung zu kommen. »Die Disidentifikation vom Ego mündet in die Identifikation mit dem transpersonalen Selbst, dem nicht in die Dinge verwickelten Beobachter, und mit diesem Schritt beginnt die innere Befreiung« (Vaughan 208). Die Verwandlung, um die es uns Christen geht, ist gerade die Befreiung von der Macht der Emotionen und Leidenschaften, die Erfahrung einer tiefen Einheit mit allen Menschen, mit dem Kosmos und mit Gott. Aber zu diesem »Wandel des Identitätsgefühls«, zu diesem inneren Frieden komme ich nicht, wenn ich vor meinen Emotionen fliehe. Ich muss sie vielmehr anschauen, mich hineinspüren, aber dann auch lassen, um in den inneren Raum des Schweigens zu gelangen, zu dem die Gefühle keinen Zutritt mehr haben. Durch die Gefühle hindurch muss ich zum Ort Gottes in mir kommen, zu dem Schatz, der auf dem Grund meiner Seele verborgen liegt und der mich mit allen Menschen und mit Gott verbindet.

VERWANDLUNG IN DEN TRÄUMEN

Oft dürfen wir erfahren, dass wir enttäuscht und niedergeschlagen ins Bett gehen und am nächsten Morgen zufrieden und mit neuer Energie aufwachen. Offensichtlich hat der Schlaf uns verwandelt. Wie diese Verwandlung vor sich geht, können wir häufig nicht sagen. Manchmal sind es die Träume, an denen wir unsere Verwandlung ablesen können. Oft aber erinnern wir uns an keine Träume und doch sind wir am Morgen innerlich gewandelt. Statt Niedergeschlagenheit spüren wir eine neue Energie in uns, statt Ärger Lust an den Aufgaben, die der Tag uns stellt, statt Enttäuschung Hoffnung. Gott selbst hat uns im Schlaf verwandelt, in dem wir eintauchen durften in den göttlichen Wurzelgrund, in den Abgrund göttlicher Liebe.

Der Prozess der Wandlung spiegelt sich manchmal in den Träumen wider. Die Träume beschreiben meistens, wie es um den Träumer steht, mit welchen Problemen er sich herumschlägt, welche Stimmen in ihm sind und was seine innere Situation ist. Wenn der Träumer längere Zeit seine Träume beachtet, dann wird er merken, dass sich da eine Entwicklung anbahnt, dass sich die Traumbilder wandeln und seine innere Verwandlung anzeigen. Da hören z.B. Verfolgungsträume auf, weil die Integration des Schattens gelungen ist. Da verlieren Prüfungsträume an Bedrohlichkeit. Da verändern sich die Beziehungen zu den Traumfiguren.

Eine Frau erzählte bei einem Traumseminar, dass sie immer wieder von kranken Kindern träumt und von Kindern, die sie verliert oder vergisst. Ein Jahr später konnte sie von andern Träumen berichten, in denen sie ein gesundes fröhliches Kind auf dem Arm trägt. Offensichtlich hat sich in diesem einen Jahr etwas verwandelt. Das Neue, das in ihr heranwuchs, hat sie nicht mehr vernachlässigt, sodass es krank wurde. Vielmehr ist das Neue nun auch ins Bewusstsein vorgedrungen. Sie trägt es auf ihrem Arm, sie ist eins damit geworden. Der Prozess der Selbstwerdung ist in ihr weitergegangen, in ihr hat sich eine innere Wandlung vollzogen. An den Träumen können wir die Verwandlung ablesen, die in uns vor sich geht.

Aber die Träume rufen zugleich auch eine Wandlung in uns hervor, bzw. Gott selbst wirkt in den Träumen unsere Verwandlung. Durch die Bilder, die das Unbewusste uns im Traum liefert, kann Gott selbst in den Tiefen unserer Seele eine Wandlung hervorrufen. Der Psychotherapeut Eschenbach beschreibt am Beispiel eines Theologen, wie sich die Wandlung eines Menschen über die Traumbilder vollziehen kann. Der Theologe träumt immer wieder von Schlangen, die ihn verfolgen oder die er einsperrt. In seiner Askese hat er seine Vitalsphäre verdrängt. Doch allmählich wandeln sich die Bilder der Träume. Und gerade »über diese Traumbilder vollzieht sich die Wandlung … Wie die Wandlung nun erfolgte, die Integration der ganzen Welt des Unannehmbaren, zeigen die späteren Träume … Da ist der Patient dann im Traum in einer Landschaft, in der gefährliche Tiere, besonders Schlangen, wesen. Und während im ersten Traum Angst und Beklemmung vorwalten, kommt ihm jetzt der beflügelnde Gedanke, Jäger zu werden, da das seine Gesundheit stärke, wie er träumt, und sein Selbstgefühl hebe« (Bitter 169f). Die Träume zeigen die Wandlung nicht nur an, sondern die Wandlung geschieht auch über und durch die Träume. In den Traumbildern übt die Seele ihre eigenen Möglichkeiten ein. Oft arbeiten die Träume mit dem Bild der Verwandlung. Da haben wir andere Kleider an, da träumen wir von einem Mann oder einer Frau und wissen genau, dass wir das sind. Oder wir träumen von Tieren, mit denen wir uns identifizieren. In den Träumen nehmen wir die verschiedensten Formen an. Und oft genug wandeln sich die Formen. Da wird aus dem Käfer auf einmal ein großes Tier oder aus dem Schwan ein Mensch. Da wird der kleine Weg auf einmal zu einem reißenden Strom. Die Wandlungen nehmen dabei keine Rücksicht auf unsere naturwissenschaftlichen Kenntnisse. Da kann sich ein Tier in einen Menschen und eine Pflanze in ein Tier verwandeln. Solche Wandlungsbilder im Traum deuten auf innere Wandlungen hin. Durch die Bilder, die aus der Tiefe der Seele auftauchen, werden verdrängte Aspekte und Seiten unserer Seele ans Licht gebracht und allmählich integriert. Sie dürfen sich in den Traumbildern ausdrücken und werden durch die Traumanalyse

ins Bewusstsein gehoben. Indem der Patient seine Träume dem Therapeuten erzählt und sie mit ihm bespricht, geschieht die Verwandlung der verdrängten Seiten in neue Lebensmöglichkeiten.
C.G. Jung hat in seinem großen Werk »Symbole der Wandlung« die Traumserie von Miss Frank Miller untersucht, die ihre Träume 1906 in einem Buch veröffentlicht hatte. Jung kannte Miss Miller nicht persönlich. Aber indem er ihre Träume meditiert und sie mit den Symbolen der Wandlung vergleicht, wie er sie in Mythen und Märchen vorfindet, entdeckt er in den Träumen den Prozess der Verwandlung, den jeder auf seinem Reifungsweg zu durchlaufen hat. Die Träume zeigen die innere Wandlung an, aber sie bewirken sie auch. Der Traumprozess ist ja auch davon abhängig, wie der Träumer mit seinen Träumen umgeht. Wenn er sie anschaut und sich ihnen stellt, wenn er das Unbewusste in sein Bewusstsein integriert, dann kann der Wandlungsprozess weiter fortschreiten. Wenn er die Träume verdrängt, dann zeigt das Unbewusste in ihm auch eine Wirkung, aber eine destruktive und hemmende. Das Unbewusste wird sein Denken stören und seine Gefühle verändern. Wie mit unsichtbarer Hand greift dann das Unbewusste nach dem Menschen. Aber es wird den Menschen nicht verwandeln, sondern blockieren. Daher ist es für die Verwandlung wichtig, dass wir uns unseren Träumen stellen. Verwandlung geschieht nach Jung immer, wenn zwei Gegenpole miteinander verbunden werden. Wenn wir uns unsern Träumen stellen, verbinden wir Bewusstes und Unbewusstes. Die Spannung zwischen diesen Polen bewirkt die Verwandlung. Der Prozess selbst bleibt ein Geheimnis. Wir können ihn fördern, aber nicht bestimmen. Wir können die Pole miteinander in Beziehung bringen, aber was daraus entsteht, das entzieht sich unserem Zugriff. Das ist letztlich immer das Werk Gottes. Daher spricht Jung immer vom *opus magnum,* das nur *concedente deo* gelingen kann.

Die Verwandlung des Menschen geht immer auch über seinen Leib. Das hat Graf Dürckheim in seinen Schriften oft genug betont. Der Leib drückt aus, ob der Mensch sich an seinem Ego festhält oder ob er durchlässig ist für Gott, für das Sein, für das Wesen. Dürckheim spricht von der Verwandlung ins Wesen. Er meint damit, dass das Bild, das sich Gott von jedem von uns gemacht hat, sich in uns ausprägt, dass wir etwas von diesem Bild widerspiegeln. Sichtbar wird das immer im Leib. Wer nach dieser Theorie seinen Mittelpunkt im Brustbereich hat, zeigt damit an, dass er sich an seinem Ich krampfhaft festhält, dass er nur darauf aus ist, andern zu imponieren. Aber er selbst kommt nicht durch, von seinem inneren Wesen können wir nichts entdecken. Entscheidend ist für Dürckheim die Durchlässigkeit. Durchlässig für Gott oder für Christus werden wir nur, wenn wir unser Ich loslassen und uns in Gott festmachen. »Das entscheidende Kennzeichen echter Wandlung ist, dass das Zentrum, in dem alles verankert ist und auf das sich alles bezieht, die Achse, um die sich alles dreht, nicht mehr der Mensch in seinem Ich-Selbst ist – sondern ein anderes. Und das bedeutet für den Christen, dass das Leben, das im Zeichen der Wandlung steht, nicht mehr im Ich zentriert ist, sondern in Gott« (Wandlung 301).

Wer an sich selbst festhält, dem ist das wahre Leben verschlossen. Er wird alle Wirklichkeit mit seinem fixierenden Blick betrachten und kann daher nicht zum Grund, zum Sein vordringen. »Nur wo der Mensch loszulassen und zu sehen vermag als sähe er nicht, vermag er es wahrzunehmen. Und das Wirklichkeitsgefühl, das für das fixierende Ich am Feststehenden hängt, verwandelt sich und kommt fortan nur aus dem Bewusstsein einer nie endenden Verwandlung und Bewegung, die das immerzu fortschreitende Erkennen, Gestalten und Lieben in der Welt immer mehr zum Zeugen des lebendigen Seinsgrundes macht. Und dies in dem Maße, als das raumzeitlich bedingte natürliche Ich-Selbst immer mehr mit dem Wesen verschmilzt und dadurch zum wahren Selbst wird« (Wandlung 313).

Die Verwandlung des Menschen zeigt sich für Dürckheim an seiner Körperhaltung. Der Mensch hat nicht nur einen Leib, sondern er ist sein Leib. »Der Leib ist der Mensch in der Weise, wie er als lebendige Gestalt in der Welt da ist« (Meditation 119). Jede Haltung im Leib drückt daher eine seelische Haltung aus. Die Verspanntheit in den Muskeln, etwa im Nacken oder in den Schultern, ist Zeichen »der Haltung eines Misstrauens, einer Angst, eines Widerstandes oder der Abwehr. So gesehen, löst sich die eigentliche Spannung nicht durch einen physischen Eingriff, sondern durch eine andere Haltung des Menschen, eine Haltung des Vertrauens« (Meditation 120). Die Verwandlung des Leibes ist daher nicht nur ein äußeres Ändern der Körperhaltung, sondern deutet eine innere Wandlung an. Ja, durch eine andere Haltung im Leib kann ich eine seelische Haltung einüben. Wenn ich mich gut hinstelle, die Füße etwa in Hüftbreite auseinander, mit lockeren Schultern, den Mittelpunkt im Hara, dann wächst in mir Vertrauen. Der Leib ist Barometer, der anzeigt, wie es in mir aussieht. Er ist zugleich aber auch Instrument der Selbstwerdung, Organ, das meine innere Haltung verändern und mich selbst verwandeln kann.

Die Körperhaltung ist jedoch nicht nur ein Weg, mehr Selbstvertrauen einzuüben. Vielmehr drückt sich darin meine Beziehung zu Gott aus. Ob ich für Gott durchlässig bin oder nicht, das zeigt sich an meiner festhaltenden oder loslassenden Haltung, an der richtigen Form, in der ich stehe. Das Ziel der Arbeit am Leib ist die »Transparenz zum eigenen Wesen hin«. »Die Durchlässigkeit im Leibe befähigt uns zu zweierlei: das uns immanente Wesen und in ihm das überweltliche Sein in der Sprache des Leibes zu ahnen, vielleicht sogar zu spüren, und zum anderen, ihm die Möglichkeit zu geben, seinem Inbild gemäß im Leibe des Menschen Gestalt zu gewinnen« (ebd. 121f). Dürckheim spricht immer wieder von der Seinsfühlung. Indem der Mensch in Berührung kommt mit dem Sein, indem er das Eingebundensein in die Liebe erfährt, indem die Dankbarkeit in ihm durchbricht, dass alles gut ist und alles stimmt, wandelt sich für ihn die ganze Welt. Und er erlebt sich selbst anders, er ist in Beziehung zu sich selbst und zu Gott als dem Grund, der ihn trägt, als der Liebe, die ihn durchdringt. Graf Dürckheim hat in seiner Arbeit mit Patienten immer wieder erfahren, dass die Verwandlung des Menschen nicht über den Kopf, sondern über den Leib geht. Der Seelsorger soll deshalb auf die Körperhaltung der Menschen achten, die zu ihm kommen. »Eine Seelen-Führung als personale Therapie« muss »die Leibwerdung in ihre Arbeit einbeziehen« (Leib 87). Das gilt zunächst für die Diagnostik. Der Seelsorger kann an der Leibhaltung erkennen, ob der andere krampfhaft an sich selbst festhält, ob er sich gegen jede Wandlung wehrt, ob er an sich selbst vorbeilebt und ob er »die ihm vom Wesen her zugedachte Gestalt, d.h. sich selbst verfehlt« (Leib 92). Bei vielen Menschen, vor allem bei neurotischen, ist z.B. der Becken-Bauch-Raum völlig unbelebt. »Sein Einbeziehen in das Leibbewusstsein hat eine den ganzen Menschen verwandelnde Wirkung« (ebd. 92).

Der Leib bietet aber auch gute Ansatzpunkte für eine Therapie. So kann der Therapeut oder der Seelsorger mit dem Ratsuchenden an seinem Leib arbeiten und ihn zur Übung im Leib ermutigen. Der Sinn jeder Übung ist die »leibliche Transparenz für Transzendenz« (ebd. 98). Transparent für das Sein ist der Leib, wenn er das Leben als ständige Verwandlung zulässt. Das kann er einüben in seiner Haltung, in seinem Atem und in der inneren Spannung. Wenn sich einer an seinem Ich festhält, zeigt sich das »in der falschen Haltung, im flachen Atem und in einem Wechsel von Verspannung und Auflösung, der an die Stelle des rechten Verhältnisses von Gespanntheit und Gelöstheit tritt« (ebd. 99). Die Übung geht also zuerst über die Haltung. Der Mensch muss im Stehen seine Mitte finden, »die jede gewordene Form in sich aufnimmt und einschmilzt oder verwandelt und zu neuer Gestalt entlässt. So bedeutet das Gewinnen dieser Mitte zugleich die Erlösung von jeder Verhärtung im Ich und die Befreiung zu einer neuen, aus dem Grunde herauswachsenden Form« (ebd. 99). Indem der Mensch sich in seine Mitte, in den Beckenraum hinein loslässt, geschieht eine innere Verwandlung. Und umgekehrt gilt für Dürckheim, »dass die Verwandlung zum wahren Selbst, darin der Mensch zum Zeugen des Seins wird, nur als Verwandlung auch der leiblichen Verfassung des Menschen möglich ist« (ebd. 100).

Ein wichtiger Wandlungsweg ist der Atem. Es geht nicht um eine bestimmte Atemtechnik, sondern um das Zulassen des natürlichen Atems. »Das Bewusstwerden dieses Atems ebenso wie sein bewusster Vollzug bedeutet die Hingabe an die große Bewegung, in der das Leben alles Gewordene in seinen mütterlichen Grund heimnimmt und von dort in neuer Gestalt aufsteigen lässt, ohne Ende« (ebd. 102). Manche Menschen können nur bis zum Herzen atmen. Sie haben keine Beziehung zu ihren Gefühlen, geschweige denn mit ihrer Vitalität und Sexualität. Die Arbeit am Atem macht ihnen ihre Verdrängungen und Fehlhaltungen bewusst, aber zugleich bewirkt sie auch eine innere Verwandlung. Wenn nach langem Üben der Atem beim Ausatmen bis in den Unterbauch vordringt, dann ist der Atmende in Berührung mit seinen Gefühlen und seiner Sexualität. Wenn der Atmende am Ende des Ausatmens einen Augenblick innehält und sich ganz fallen lässt, dann ist in ihm Vertrauen gewachsen. Graf Dürckheim meinte, der Augenblick zwischen Ausatmen und Einatmen, in dem gar nichts geschieht, sei ein wichtiges Kriterium, ob sich einer loslassen kann oder ob er noch an sich festhält. Indem wir uns im Atmen loslassen, üben wir auch die innere Haltung des Vertrauens ein. In der Übung geschieht Verwandlung.

Neben der Haltung, dem Atem und der Bewegung gibt es noch andere Übungen im Leib, die die Verwandlung zum wahren Selbst fördern. Da wäre vor allem das Singen zu nennen. In der Stimme drückt sich die Seele aus. Oft genug kann das wahre Selbst nicht durch die Stimme hindurchtönen, weil man an sich selbst festhält. Die gepresste Stimme zeugt immer von der inneren Angst. Das Üben mit der Stimme verlangt eine innere Stimmigkeit. Dabei geht es nicht nur um eine äußere Stimmtechnik, sondern um das Erspüren der eigenen Blockaden, die das Selbst nicht in der Stimme erklingen lassen. Im Singen kann ich in Berührung kommen mit den eigenen Gefühlen, mit der inneren »Gestimmtheit«, mit der »Stimmigkeit« von Leib und Seele.

Die Methode des Focusing zielt auf die Verwandlung der Gefühle und des Leibes. Ich soll mich in meinen Leib hineinspüren und die Gefühle beachten. Wenn ich die Gefühle wahrnehme, beachte und sie benenne, können sie sich langsam wandeln. Dieser Weg der Wandlung geht über den Leib, in dem sich die Gefühle manifestieren. Ich analysiere die Gefühle nicht, sondern erspüre sie im Leib. Dort haben sie sich festgemacht. Indem sie dort wahrgenommen und ins Wort gefasst werden, können sie sich wandeln. Oft genug sind die Gefühle unbewusst und wirken störend auf den Leib. Das bewusste Spüren und Benennen ist die Bedingung, dass sich die Gefühle wandeln können und dass ich mich selbst im Leib wandle, dass ich offen werde für das eigentliche Wesen, dass ich in Berührung komme mit der inneren Quelle. »Liebevolles Wahrnehmen wird unseren Zustand in solch feine Schwingungen versetzen, dass sich alles, was in uns ist, transformiert. Aus jedem negativen und bekämpften Teil unseres Selbst kann etwas Schönes und Wertvolles werden. Nur Liebe und Annehmen kann ungeliebte Dinge sich verwandeln lassen« (Siems 27).

Ein anderer Weg der Verwandlung des Leibes geht über die Krankheit. Auch in der Krankheit drückt sich meine Seele aus. Es geht nun nicht darum, die Krankheit in den Griff zu bekommen oder die psychischen Ursachen zu erkennen, um sie ändern zu können. In der Krankheit meldet sich vielmehr immer ein wichtiger Impuls zu Wort, den ich bisher verdrängt habe. Durch die Krankheit hindurch zeigt mir mein Leib, dass da etwas leben möchte, was ich bisher verhindert habe. So kann mich gerade die Krankheit auf neue Lebensmöglichkeiten hinweisen. Wenn ich darauf verzichte, die Krankheit in den Griff zu bekommen und zu bekämpfen, wenn ich versuche, mich in die Krankheit hineinzuspüren, so kann ich auf dem Grund der Krankheit auf meine eigentliche Wahrheit stoßen, da kann auf einmal etwas von meinem Wesen, von meiner wirklichen Gestalt, sichtbar werden. So kann die Krankheit zu einer Chance der Verwandlung werden. Da sie meinen Leib am Funktionieren hindert, kann sie mir zeigen, dass etwas anderes in meinem Leib aufscheinen, dass etwas von der Transzendenz sichtbar werden möchte. Viele psychologisch geschulte Menschen versuchen, in der Krankheit ihre inneren Fehlhaltungen zu entdecken. Aber sie übersehen oft, was in der Krankheit zum Leben kommen möchte. Meine Krankheit ist auch meine größte Chance. Dort, wo ich ohnmächtig bin, wo ich mich nicht anders machen kann, da komme ich auch in Berührung mit meinem inneren Kern, mit meinem wahren Wesen, mit dem unverfälschten Bild, das Gott sich von mir gemacht hat und das in mir Gestalt werden will.

VERWANDLUNG DURCH BEGEGNUNG

Die Wandlung des Menschen ist nie rein individualistisch zu verstehen. Wenn ich mich wandle in meinen Gefühlen, in meinen Träumen, in meinem Leib, dann werden auch meine Bezie-

hungen anders. Und umgekehrt geschieht Verwandlung gerade durch die Begegnung mit andern Menschen. Jede Begegnung verwandelt uns. In der Begegnung mit einem Menschen entdecken wir, wer wir eigentlich sind, wir kommen in Berührung mit unserem wahren Wesen. Die Begegnung ist ein wichtiger Ort, an dem Verwandlung geschieht. Begegnung geschieht immer nur in kurzen Augenblicken. Die Beziehung zwischen den Menschen dagegen spiegelt ein dauerndes Verhältnis wider. Die Verwandlung des einzelnen wirkt sich auf seine Beziehungen aus. Aber in jeder Beziehung steckt ein Wandlungspotenzial. Wir können die Verwandlung des Menschen in einer Beziehung und die Wandlung der Beziehung selbst beobachten. Beides hängt eng miteinander zusammen. Meine Verwandlung verändert meine Beziehungen und die Wandlung der Beziehung wirkt sich auf den Prozess meines Reifens und Wachsens aus.
Wenn ich zu meiner eigenen Wirklichkeit vorgestoßen bin, dann werde ich sie auch in der Beziehung zu meinen Freunden oder zu meinen Arbeitskollegen leben können. Ich werde mich nicht mehr manipulieren lassen. Viele verlieren sich selbst in der Beziehung zu andern. Sie geben andern soviel Macht über sich, dass sie nicht mehr sie selber sind. Sie werden von der Stimmung der andern bestimmt, aber auch von ihren Erwartungen und Ansprüchen. Oder sie erliegen den Projektionsmechanismen, die sich in Beziehungen häufig abspielen. Sie werden durch die Projektionen anderer festgelegt. Die Projektionen sind wie ein Kleid, das man ihnen überstülpt und das sie zu einem ganz andern Menschen macht, zu einem Tier, wie viele Märchen meinen. Es gibt Situationen, in denen wir uns den Projektionen kaum entziehen können. Sie beeinflussen uns, auch wenn wir sie noch so sehr durchschauen. Da ist das Gespräch mit einem Begleiter wichtig, damit wir die Projektionen verobjektivieren und dann mit ihnen aktiv umgehen konnen. Manchmal bleibt als Lösung nur übrig, aus krankmachenden Bezie-

hungen auszubrechen und ein neues Beziehungsfeld zu suchen, in dem wir die Chance haben, das eigene Leben zu leben.
Die Verwandlung eines Menschen ist noch unvollkommen, wenn sich nicht auch seine Beziehungen wandeln. Wenn er in der alten Umgebung wieder zum alten Menschen wird, der er vor der Begleitung oder vor der Therapie war, dann hat die Begleitung nichts genützt. Die Begleitung braucht oft einen Schutzraum, in dem einen die alten krankmachenden Beziehungen nicht erreichen. Aber dann muss sie mit dem Ratsuchenden das Leben in den alten Beziehungen einüben, damit er dort seine Identität bewahren kann. Wenn er seine Identität dort durchhält, dann werden sich die Beziehungen wandeln, dann wird er sich von den andern nicht mehr die Spielregeln aufzwingen lassen, dann wird er nicht ständig unter dem Druck stehen, sich verteidigen oder rechtfertigen zu müssen, oder unter dem Anspruch, die Erwartungen der andern erfüllen zu müssen. Und wenn er frei von seinen Projektionen geworden ist, wird in die Beziehung Bewegung kommen. Da wird er auf einmal eine neue Nähe spüren. Da wird er erst den inneren Reichtum des andern entdecken. Da wird ein freies gleichberechtigtes Miteinander möglich, das beide befruchtet.
Es geht aber nicht nur darum, dass der verwandelte Mensch zu gewandelten Beziehungen fähig ist, sondern dass der Verwandlungsprozess sich gerade in der Beziehung zu einem Partner oder einer Partnerin vollzieht. Das hat Hans Jellouschek am russischen Märchen »Die Froschprinzessin« anschaulich geschildert. Das Märchen erzählt, wie Iwan, der jüngste Zarensohn, als Überflieger, als Mann, der nach außen glänzt und mehr Erfolg hat als alle andern, einen Frosch zur Frau bekommt. Am Tag ist seine Frau ein Frosch, unscheinbar, sie muss sich verstecken. Aber in der Nacht entfaltet sie ihre Sorge und Weisheit. Da bestimmt sie den Mann. Doch im Märchen wandelt sich die Beziehung. Der Frosch verwandelt sich in Wassilissa, in eine wunder-

schöne Frau, die vor allen andern glänzt. Aber nun gerät die Beziehung in eine Krise, da Iwan seine Frau bestimmen möchte. Er verbrennt daheim die Froschhaut. Er unterstützt den Wandlungsprozess seiner Frau nicht, sondern möchte sie zur Verwandlung zwingen. Er möchte auch weiterhin die Kontrolle über sie behalten. Da verwandelt sich Wassilissa in einen Schwan, der davonfliegt. Jetzt weint Iwan drei Jahre lang vor Trauer und bricht dann auf, um nach vielen Abenteuern und erfüllten Aufgaben Wassilissa aus dem unmenschlichen Reich ihres Vaters zu befreien.

Die Verwandlungen Wassilissas beschreiben den Wandlungsprozess, wie er in vielen Paarbeziehungen abläuft. Die Wandlung in der Beziehung verwandelt die Partner. Sie geschieht immer über die Trennung. »Denn das Grundgesetz des Lebens ist Entwicklung, und Entwicklung bedeutet immer eine Abfolge von Phasen der Vereinigung und Phasen der Auflösung, also der Trennung. Eine bestehende Einheit muss sich, um lebendig zu bleiben, immer weiter ausdifferenzieren, damit eine neue Einheit in einer neuen Form entstehen kann« (Jellouschek 89). Die Wandlung des Einzelnen braucht die Beziehung, die sich wandelt. Jellouschek nennt fünf Phasen der sich wandelnden Beziehung: »1. Die Phase der Verschmelzung. 2. Die Phase des Widerstands gegen die Verschmelzung. 3. Die Phase der Distanzierung. 4. Die Phase der Wiederannäherung. 5. Die Phase neuer Vereinigung auf einer reiferen Stufe« (ebd. 92). Mit den Phasen der Beziehung wandelt sich auch der Einzelne. Er braucht diese Phasen, um zu seinem wahren Selbst zu kommen. Der Mann muss sich innerlich von der Frau distanzieren, um die anima in sich zu integrieren. Erst dann wird er wieder fähig, sich auch liebevoll der Frau zuzuwenden. Das Märchen beschreibt unsern Verwandlungsweg, den wir in der Beziehung zu einem Partner und zugleich alleine gehen müssen: »Zuerst also musste Wassilissa sich trennen, damit sich Iwan auf seinen Entwicklungsweg begeben konnte. Dann aber musste Iwan seinen Heldenkampf führen …, damit Wassilissa der letzte Schritt der Verwandlung möglich wurde. Jeder muss es selber machen, dennoch sind wir aufeinander angewiesen« (134).

In den meisten Märchen vollzieht sich die Verwandlung eines Menschen durch einen andern. Dabei verwandelt sich nie nur ein Partner, sondern immer auch der andere, nicht nur Wassilissa, sondern auch Iwan. Einer kann für den andern zur Erlösung werden. Aber er muss sich selbst auf den Prozess der Verwandlung einlassen. So muss sich etwa in dem Märchen »Der Königssohn, der sich vor nichts fürchtet« der Held erst wandeln, durch die Erfahrung der Krise, der Ohnmacht und des Vertrauens auf Gott, bevor durch seine Wandlung die schwarze Jungfrau erlöst werden kann. Dabei muss er viele Umwege gehen, um sich zu verwandeln. Er braucht die Krise, die Wende, die ihm die Aufgabe der Wandlung stellt: »Ich wende mich, ich verwandle mich, ich überlasse mich der Wandlung« (Remmler 69). Die Krise weist immer auf einen verborgenen Schatz und eine verschüttete Quelle hin, »die freigelegt werden will, um dann aus den Tiefen der Seele frisches Wasser emporsprudeln zu lassen. An der dunkelsten und trostlosesten Stelle der Krise liegt zugleich der Angelpunkt für die Lösung. Wenn die Quelle frei sprudeln kann, bedeutet dies, dass die bis dahin durch den ungelösten Konflikt gebundene Energie frei wird und den Lebensstrom wieder in Bewegung bringt« (ebd. 84). Der Königssohn integriert nach der Krise die anima und wird so fähig, die schwarze Jungfrau zu erlösen, nun nicht mehr aus eigener Kraft, sondern indem er auf Gott vertraut und die Teufel, die nachts auf ihn einstürmen, geduldig aushält. So zeigen uns die Märchen immer wieder, dass wir bei unserem Verwandlungsprozess auf andere Menschen angewiesen sind. Nur in der Begegnung mit ihnen kann der Prozess der Individuation weiter voranschreiten.

Martin Buber hat die verwandelnde Kraft der Begegnung zum Mittelpunkt seiner Philosophie gemacht. Ich gehe anders aus einer Begegnung heraus, als ich hineingegangen bin. Schon der wohlwollende Blick des andern wandelt mich. Er bringt mich in Berührung mit dem eigenen Wohlwollen, mit der Liebe, die in mir oft genug verborgen schlummert und darauf wartet, von einem liebenden Menschen aufgeweckt zu werden. Dornröschen braucht den Prinzen, der sie durch seinen Kuss aus dem Schlafe weckt. Es ist letztlich immer eine Liebesverwandlung, die uns in der Begegnung zuteil wird. Die Begegnung ruft in uns die eigene Liebesfähigkeit hervor. Sie bringt einen Prozess in Gang, den wir selbst nicht ankurbeln können. Wir brauchen den liebenden Blick, die vorurteilslose Begegnung, um den Schatz in uns zu entdecken und zu heben. Ich entdecke mein Ich gerade am Du. Die Begegnung mit dem Du lässt mich erkennen, was das tiefste Geheimnis meines Selbst ist. Und sie bewirkt, dass mein Selbst aus dem Chaos meiner verschiedenen Gedanken und Gefühle, aus dem Durcheinander meiner Rollen und Masken, klar hervortritt und immer mehr zu seiner wahren Gestalt heranwächst.

Verwandlung durch Begegnung wäre gerade die Aufgabe der Seelsorge. Manche Seelsorger stehen unter dem inneren Druck, dass sie die Gläubigen von den Lehren der Kirche und der Moral überzeugen müssen. Viel wichtiger als unser Ideal von Verkündigung wäre die Begegnung, die in jedem Gespräch, aber auch in jedem Gottesdienst erfahrbar werden kann. Wenn ich im Gottesdienst vor allem in Beziehung zu den Menschen bin, dann verwandelt Gott sie mehr, als wenn ich ihnen nur die rechte Lehre verkünde. Und wenn ich im Tauf- oder Traugespräch wirklich den Menschen begegne, dann geschieht in ihnen mehr, als wenn ich ihnen die Pflichten christlicher Eheleute oder Eltern vortrage. In der wirklichen Begegnung kann Gott selbst die Herzen der Menschen verwandeln. Die Frage ist, ob

wir zu solch verwandelnden Begegnungen fähig sind. Sie verlangen Offenheit und Ehrfurcht vor dem andern, die Freiheit von Vorurteilen, die Bereitschaft, sich jetzt auf den andern einzulassen, die Haltung, dass dieser Mensch im Augenblick der einzig wichtige auf der Erde ist.
Seelsorge meint jedoch nicht nur die Verwandlung des Einzelnen durch Begegnung, sie hat vielmehr auch die verwandelte Gemeinde im Blick. Die Frage ist, wie sich eine Pfarrgemeinde wandeln kann und was die Seelsorge dazu beitragen könnte. Eine Voraussetzung für die Verwandlung der Gemeinde ist mein Glaube, dass Gott die Gemeinschaft in Bewegung bringen kann. Ich muss Gott zutrauen, dass er in dieser Gemeinde wohnen und wirken will. Und ich muss den Menschen zutrauen, dass sie bereit und offen sind für Verwandlung. Auch hier gibt es keine billigen Tricks, Verwandlung herbeizuführen. Oft wird sich unmerklich etwas in der Gemeinde wandeln, wie das Senfkorn, das lange unsichtbar bleibt, bis es zu einem Baum wird, an den andere sich lehnen und in dessen Zweigen Vögel zwitschern können. Ich muss nur an diese Verwandlung glauben und ich muss mit den Augen des Glaubens immer wieder auf das schauen, was schon wächst. Wenn ich es dann anspreche und als Gottes Wirken deute, kann es weiter wachsen. Aber ich muss auch die Zeiten glaubend aushalten, in denen sich scheinbar nichts tut. Der Glaube an die Menschen und das Gebet für sie wird sie verwandeln. Das Beten wird mich selbst sensibler machen für die Anzeichen von Gottes Wirken in den Menschen. Die Beziehungen der Gemeinschaft untereinander werden meine eigene Beziehungsfähigkeit oder -unfähigkeit widerspiegeln. Daher kann sich die Gemeinschaft nur wandeln, wenn ich mich in der Beziehung zu ihr wandle, wenn ich mich immer wieder neu auf sie einlasse und ihr zutraue, dass Gott sie zum Ort seiner Gegenwart erwählt hat. Dabei muss ich die gruppendynamischen Gesetze beachten. Sie können mir helfen,

Prozesse der Wandlung in Gang zu bringen, die durch bloßes Zureden nie entstehen würden. Ich muss die psychologischen Voraussetzungen kennen, wie Menschen im Miteinander ihre Angst abbauen und Offenheit lernen können. Das ehrliche und offene Miteinander im Gespräch und im gemeinsamen Handeln wird mit der Zeit die Beziehungen untereinander verwandeln und neue Wege eröffnen.

Moralische Appelle werden die Gemeinschaft nicht wandeln. Ich muss mich schon mit der Gemeinde auf einen gemeinsamen Übungsweg einlassen. Dann kann der Weg uns wandeln. So ein Übungsweg könnte etwa eine gemeinsam gestaltete Fastenzeit sein, gemeinsame Fastenwochen, gemeinsame Meditationen oder Bibelteilen, das könnte darin bestehen, dass die Gemeinde miteinander auf umweltgerechtes Verhalten achtet, dass sie sich gemeinsam um Randgruppen kümmert. Entscheidend ist, dass eine Gemeinde sich miteinander auf den Weg macht. Dann wird der Weg zum Wandlungsweg werden. Weder Moral noch Dogma verwandeln die Gemeinde. Auch wenn die Lehre noch so richtig und durchdacht ist, noch so modern klingt, so hat sie in sich keine wandelnde Kraft. Nicht die Lehre, sondern das gemeinsame Hören auf das Wort Gottes, das gemeinsame Ringen um Gottes Willen für uns heute, wird Gemeinde verwandeln. Der Seelsorger hat dabei die Aufgabe, das gemeinsame Suchen anzuregen und immer wieder durch eigene Impulse zu befruchten. Das kann er aber nur, wenn er in seinem geistlichen Leben wahrhaft nach Gott sucht, wie es Benedikt vom Mönch ein Leben lang fordert. Der Seelsorger muss sich in erster Linie darum sorgen, seine eigene Seele immer wieder Gott hinzuhalten und sich nach Gott auszustrecken. Nur so kann er auch die Gemeinde dazu einladen, in allen gemeinsamen Aktivitäten immer wieder Ausschau zu halten nach Gott als der eigentlichen Quelle des Lebens. Wenn der Seelsorger wahrhaft nach Gott sucht, wird er auch der Gemeinde zutrauen, dass sie sich auf den

Weg zu Gott macht und sich nicht mit dem laufenden Seelsorgsbetrieb zufrieden gibt.

DIE VERWANDLUNG DER ARBEIT

Wer gewandelt aus der Tiefe steigt, wie Goldmarie im Märchen »Frau Holle«, dessen Beziehung zur Arbeit wird sich wandeln. Er wird durch seine Arbeit nicht mehr überfordert, sondern sie aus der inneren Quelle hervorsprudeln lassen, mit der er in Berührung gekommen ist. Goldmarie hat sich im Reich der Frau Holle dem mütterlichen Urgrund anvertraut. Sie hat sich selber losgelassen und wurde so mit reichen Gaben beschenkt, während Pechmarie alles nur für sich wollte. Die Erfahrung einer andern Ebene, auf der ich mich einem Größeren anvertraue, auf der ich mich letztlich Gott überlasse, wird mir helfen, mich nicht mehr von der Arbeit her zu definieren. Ich gehe nicht mehr in der Arbeit auf und werde meinen Wert nicht mehr allein aus der Arbeit schöpfen. Vielmehr werde ich mich von einer inneren Mitte her an die Arbeit machen, sodass sie mich nicht mehr total beherrscht. Ich werde in mir einen Raum tragen, an den die Arbeit mit ihren Problemen nicht dringen kann. Die innere Freiheit zur Arbeit kommt aus der Erfahrung der inneren Quelle, zu der einer vorstößt, wenn er sich von Gott wandeln lässt. Er wird dann Arbeit nicht mehr nur als Leistung verstehen, die alle seine Kräfte erfordert. Vielmehr wird die Arbeit wie von selbst aus der inneren Quelle strömen. Von Thomas Merton wird erzählt, dass er nur zwei Stunden täglich gearbeitet hat. Aber da war er so fruchtbar, dass zwei Sekretäre nicht nachkamen, zu schreiben, was er ihnen diktierte. Die Arbeit strömte aus seinem Innern, das durch die Meditation verwandelt worden war.

Fromme Menschen meinen oft, sie müssten zur Arbeit hinzu nun auch noch ein Pensum an geistlichen Übungen leisten. Und sie fühlen sich sehr schnell überfordert. Wer durch sein geistliches Leben die Verwandlung in der Tiefe seines Herzens erfahren hat, der sieht Arbeit und Gebet nicht als zwei Forderungen, die er erfüllen muss, sondern als eine innere Einheit, als zwei Pole, die sich gegenseitig bedingen. Der Pol des Gebetes ist für den Gegenpol der Arbeit wichtig, damit er nicht maßlos wird. Und der Pol der Arbeit bewahrt das Gebet davor, dass es zu einem frommen Narzismus verkommt. Im Gebet dringe ich immer wieder zur Quelle in meiner Seele vor, die in mir strömt und die sich auch in die Arbeit ergießen möchte. Gebet ist keine Leistung neben der Arbeit, sondern die Erfahrung der inneren Quelle, aus der heraus die Arbeit fließen will. Die Arbeit wird dann keine krampfhafte Leistung mehr. Ich muss mich darin nicht mehr beweisen. Sie bekommt vielmehr etwas Fließendes, Weiches, Fruchtbares. Sie wächst aus der Quelle und wird nicht mehr mit Gewalt aus mir hervorgepresst. Und sie entsteht aus einer tieferen Dimension, aus der Beziehung zu Gott, der in der Arbeit sein Werk schaffen möchte.

Ob meine Arbeit verwandelt ist oder nicht, das zeigt sich an der Wirkung nach außen. Wenn durch meine Arbeit um mich herum nur Unfrieden entsteht, nur Aggressivität, nur Unruhe, oder wenn meine Arbeit zum leeren Aktivismus wird, zum ständigen Wiederholen des immer Gleichen, dann ist das ein Zeichen für Verfestigung und Verhärtung und nicht für Verwandlung. Wenn aber durch meine Arbeit sich um mich herum etwas verwandelt, wenn neue Beziehungen möglich werden, gemeinsames Miteinander, Lust am gemeinsamen Projekt, neue Ideen, etwas in Bewegung zu bringen, etwas Neues anzupacken, dann zeugt das auch für die Verwandlung in mir selbst. An der Wirkung der Arbeit kann ich ablesen, inwieweit sie nur Aktivismus ist oder schöpferisches Mitarbeiten am großen

Wandlungsprozess unserer Welt, der Gott als die letzte Quelle widerspiegelt. Teilhard de Chardin hat von dieser verwandelten Arbeit gesprochen, die den Prozess der Evolution hin zum Punkt Omega, zu Christus, vorantreibt. Teilhard stellt sich die Frage: »Wie lässt sich in der Tiefe des Menschen die Quelle seines vitalen Elans erhalten und immer weiter öffnen?« (Teilhard 7, 115). Und er gibt als Weg zu dieser Kraft, die die Erde auf Christus, ihr Ziel, hin verwandelt, an: »dass es uns, von der Tradition der großen menschlichen Mystiker gestützt und gelenkt, gelingt, auf dem Wege der Kontemplation und des Gebetes unmittelbar in rezeptive Kommunikation mit der Quelle selbst allen inneren Elans zu treten« (7, 121). Gebet und Kontemplation sind also die Wege zu einer Arbeit, die die Transformation, in der Gott selbst die ganze Welt immer mehr durchseelt und amorisiert, fördert und so gemeinsam mit Gott und aus der Kraft Gottes heraus die Welt mehr und mehr in Gott hinein verwandelt.

Orte der Verwandlung

Im Folgenden geht es nicht nur darum, was im Menschen verwandelt werden soll und welche Wege der Verwandlung wir gehen sollen, sondern um die Orte, an denen Verwandlung geschieht. Verwandlung geschieht im alltäglichen Lebensprozess, in der Familie, bei der Arbeit, im Zusammenleben einer Gemeinschaft. Verwandlung geschieht durch die Landschaft, durch das Klima, durch den Wechsel der Jahreszeiten. Erlebnisse können verwandeln, Begegnungen mit einem Menschen, mit einer Stadt, mit einer Landschaft. Freude verwandelt, aber auch Schmerz und Leid. Das Leben selbst ist ständige Wandlung. Ich möchte nur drei Orte herausgreifen, an denen Verwandlung in höchstem Maße geschieht, an denen Verwandlung von vorneherein intendiert ist: die Liturgie, der innere Weg und das Leid.

VERWANDLUNG IN DER LITURGIE

Die Riten, die wir in der Liturgie feiern, sind allesamt Wandlungsriten. Ritus meint einen Weg, der mich wandelt. Indem ich den Ritus feiere, begebe ich mich auf einen Weg innerer Wandlung. Der zentrale Wandlungsritus in der christlichen Liturgie ist die Eucharistie. Da feiern wir die Verwandlung von Brot und Wein in Leib und Blut Jesu Christi. Da werden Gaben der Schöpfung in göttliche Geschenke verwandelt, da wird Irdisches von Himmlischem durchdrungen. In der Wandlung von Brot und Wein feiern wir unsere eigene Verwandlung. Unser Alltag, unsere Arbeit, unsere Gefühle und unsere Freude werden gewandelt in göttliche Freude, in göttliches Leben. Alle Sakramente sind letztlich Wege der Verwandlung. In der Taufe werden wir wieder geboren aus Wasser und Geist, da bekommen wir eine neue Identität, da wird unser irdisches Leben in das Leben Christi eingetaucht und von ihm verwandelt. Im Bußsakrament feiern wir unsere Umkehr, unser Umdenken. Umkehr meint die innere Wandlung, die wir selbst tätigen müssen. In der Beichte erfahren wir aber auch die Vergebung unserer Sünden, die Verwandlung unserer Schuld in die Erfahrung von Gottes barmherziger Liebe. Firmung ist ein Initiationssakrament, das Unmündige zu reifen selbstständigen Christen wandelt. Die Krankensalbung verwandelt unsere Wunden zu Orten der Gottesbegegnung, unsere Krankheit zu einer Teilhabe an Christus und unser Sterben zur Auferstehung mit Christus. Das Sakrament der Ehe feiert die Hochzeit als Ursymbol für die Einheit aller Gegensätze. Im Märchen kommt der Verwandlungsprozess immer in der Hochzeit zur Vollendung. Da wird alles miteinander eins. Das Sakrament der Priesterweihe zeigt uns, dass jeder Christ ein Wandler und Verwandler ist, dass jeder die Priesterwürde hat, dass er Irdisches in Himmlisches verwandle. Unser ganzes Leben ist eine beständige Wandlung von Geist in Welt und Welt in Geist, von Gott in Mensch und Mensch in Gott. Die Liturgie, wie sie im Kreislauf des Kirchenjahres gefeiert wird, ist voll von Wandlungssymbolen. Das Kirchenjahr ist nach C.G. Jung ein therapeutisches System, das alle Elemente des menschlichen Lebens aufgreift, darstellt und verwandelt. Die Verwandlung geschieht dabei durch die Symbole und Riten, wie sie die verschiedenen Feste des Kirchenjahres ausfalten. Das Ursymbol der Wandlung ist das des Lichtes. Das Kirchenjahr nimmt den Kreislauf von Sonne und Mond ernst. Die Liturgie der Laudes und der Vesper arbeiten mit dem Symbol des Lichtes. »In derselben rhythmischen Weise wie das Licht während eines Tages oder eines Jahres zu kreisen scheint, wandelt sich auch der Mensch. Alle Wandlungssymbole entstammen dem Prozess der Lichtwandlung, und wie diese weist auch jene einen zirkulären Charakter auf« (Rosenberg 78). Das Wandlungssymbol des Lichtes weist zugleich auf das Symbol der Wiedergeburt hin. »So wie das Licht am Abend sinkt, um am Morgen verjüngt wieder geboren zu werden, so muss auch der Mensch in der Wandlung, um zu seinem Wesen zu gelangen, durch die dunkle Nacht der Seele und des Geistes hindurchwandern, wenn er zur Reife gelangen soll« (ebd. 79). In der Laudes begrüßen wir das aufgehende Licht als Symbol für Christus, der alle Finsternis in uns vertreibt und uns mit seinem göttlichen Leben der Auferstehung erfüllt. Und am Abend, da die Sonne untergeht, bitten wir Gott, dass uns sein Licht im Herzen aufgehen möge. So singt ein Vesperhymnus: »Wenn schwarze Finsternis den Tag in Dunkel tief gefangen hält, dann wisse Glaube nichts von Nacht, dann werde Nacht vom Glauben licht.«

Für uns Christen ist Christus die Sonne, um die wir kreisen. Wenn wir aufhören, uns um Christus zu bewegen, stockt unser Wandlungsprozess. Wir fixieren uns auf ein bestimmtes Lebensprinzip und bleiben innerlich stehen. Damit wir innerlich gesund bleiben, müssen wir uns ständig wandeln. »Weil aber Wandlung Umwandlung des Bisherigen, ein Ergreifen durch ein Lassen ist, ist jede Wandlung mit Opfer verbunden – der Darbringung von dem, über das man verfügt, den freiwilligen Verzicht auf eine Möglichkeit, die Preisgabe derselben zugunsten eines noch im Dunkel des Werden gehüllten Seinsstandes« (Rosenberg 80). In der Eucharistie feiern wir Tag für Tag das Opfer unseres Ichs, das Loslassen unseres bisherigen Lebens, damit das Neue, das jetzt werden will, in uns Raum bekommt.

Für Rosenberg ist das Ursymbol der Wandlung das Kreuz. »Aus zwei Balken ist es gefügt ... Zwei Kräfte müssen demnach zusammenwirken, um eine Wandlung zu bewirken – eine Kraft alleine genügt nicht, da durch sie keine Drehung zustande kommt« (81). Das Kreuz hat vier Qualitäten. Jung meint, die meisten Menschen hätten nur drei entwickelt. Die Ganzwerdung ist »nur durch einen Wandlungsprozess zu erreichen, der den ganzen Menschen in Mitleidenschaft zieht und in Bewegung versetzt« (85). Die Forderung Jesu, unser Kreuz auf uns zu nehmen, heißt, dass wir uns zur Ganzheit unseres Menschseins bekennen, uns anzunehmen mit allen Gegensätzen, die das Kreuz darstellt. »Der Mensch als Kreuzträger ist der Mensch, der zur Wandlung gewillt ist, der in den Drehcharakter des Kreuzes eingetreten ist und sich im Kreuze wenden lässt« (86). Rosenberg erinnert an die Kreuzgänge der Klöster, in denen sich die Mönche »meditierend die Wandlung, die rechte Haltung ergingen« (88). Das Bild des Kreuzes verbindet sich oft mit dem des Rades, das unser Leben als Wandlungsbewegung beschreibt. Im Mittelalter schuf man an der Außenseite der Kathedralen »die Rosen, die riesigen Lichträder, die teilweise als so genannte Glücksräder, Darstellungen der inneren und äußeren Wandlung des Menschen (so z.B. am Münster von Basel) ausgebildet waren« (Rosenberg 90). Alle runden Formen in der Liturgie, etwa die runde Hostie, weisen auf die Wandlung zur Ganzheit hin. Die Rundbogen in den Kirchen, die Gewölbe, alles Runde im Kirchenraum lädt zur Wandlung ein. Das Labyrinth war in vielen romanischen Kirchen »ein vorgegebenes Wandlungsschema, das zur Wandlung führt, wenn der Begeher es mit seinem persönlichen Impuls erfüllt, wenn er sich ohne Eigenwillen von den sich drehenden, rück- und vorlaufenden Gängen immer tiefer in die Dunkelheit, dem Unbekannten und Undurchschaubaren hineinführen lässt« (90).

Gerhard Zacharias, ein orthodoxer Priester und Jungschüler hat auf einer Tagung von Ärzten und Seelsorgern einen Vortrag über »Wandlung im Kultus« gehalten, in dem er verschiedene Aspekte der Verwandlung beschreibt, die in der Liturgie gegenwärtig sind. Der erste Aspekt ist die Anamnese, die Vergegenwärtigung von etwas Vergangenem. »Durch das kultische Geschehen wird nun das, was in der Vergangenheit stattgefunden hat, gegenwärtig gesetzt. Damit aber werden die Teilnehmer des Kultus in die nun nicht mehr nur der Vergangenheit angehörenden Ereignisse einbezogen. Durch diese Einbeziehung findet eine Wandlung statt: die den Kultus Feiernden werden aus ihrem gewöhnlichen, zerrissenen, platten, alltäglichen Dasein herausgeführt und erfüllt von der Wirksamkeit eines überpersönlichen, göttlichen Geschehens« (Zacharias 185). Der zweite Aspekt ist die Partizipation, die Teilhabe an einer größeren Wirklichkeit, an der Liturgie im Himmel. »Der Mensch wird über seine Beschränktheit, seine Ode, Zufälligkeit und Zerspaltenheit hinausgehoben und zum Gefäß überpersönlicher, numinoser Mächte, die ihn umgestalten zu einem neuen Sein« (ebd. 187). Wandlung im Kultus geschieht auch durch Antizipation, durch Vorwegnahme. »Das Zukünftige bricht in die Gegenwart ein und verwandelt sie« (188). Die Wandlung im Kultus geschieht immer durch Tod und Wiedergeburt. Nicht nur in der Eucharistie feiern wir Tod und Auferstehung. Tod und Wiedergeburt sind vielmehr Grundgesetz jeder Liturgie. »In jedem Kultus vollzieht sich ein Sterben und ein Geborenwerden. Nur im Durchgang durch den Tod kann sich das Alte in das Neue wandeln« (189). In der frühen Kirche hatte jede Liturgie sakramentalen Charakter. Bei der Wasserweihe, bei der Einkleidung eines Mönches, bei der Fußwaschung, bei allen liturgischen Handlungen ging es um die Verwandlung des Menschen. In der Eucharistie gipfelt die Wandlung, die jede Liturgie feiert. Da wird die Wandlung zum Mittelpunkt der Feier. Brot und Wein werden in Leib und Blut Christi verwandelt. Und in dieser Wandlung vollzieht sich unsere Verwandlung. Da legen wir im Brot unser Leben mit seiner Zerrissenheit, mit seiner Arbeit, mit seiner Mühe auf den Altar, damit es von Gottes Geist verwandelt wird, damit die eigentliche Gestalt darin sichtbar wird: die Gestalt Jesu Christi, der in unserem Alltag durchscheinen möge. Da halten wir im Wein unsere Gefühle und Sehnsüchte, unsere Bedürfnisse und Wünsche, das Bewusste und Unbewusste Gott hin, damit er es verwandle in das Blut seines Sohnes, dass darin ein neuer göttlicher Geschmack erfahren werden kann.

Zacharias beschreibt die Verwandlung in der Liturgie durch Anamnese, Partizipation und Antizipation in der Sprache Jungs und zeigt die psychologische Dimension dieser Verwandlung auf: »Im Horizont der Jungschen Interpretation würden in der Anamnese jene inneren Prozesse verlebendigt, welche die transzendente Funktion in Bewegung setzen, die fortschreitend die Gegensätze überwindet und zur Ganzheit, zum Selbst führt. Die kultische Partizipation wäre als Erschließung und Erlebnis der Mächte und Gestalten des Unbewussten aufzufassen. Die Antizipation wäre eine Vorwegnahme der Ganzwerdung, wie sie analog etwa in intensiven Mandala-Träumen oder -Visionen geschieht. Das sich im Kultus ereignende Sterben und Wiedergeborenwerden wäre psychologisch als Tod des empirischen Menschen und als Geburt des ganzen Menschen, des Selbst anzusehen« (191).

Natürlich ist das nur eine Sichtweise der Liturgie, die ergänzt werden müsste von einer theologischen Deutung. Gott selbst verwandelt in der Liturgie unser Leben, indem er uns Anteil gibt an Tod und Auferstehung Jesu Christi und uns schon die Vollendung des Himmels vor Augen führt, das Ziel unseres Wandlungsweges.

Die Wiedergeburt des neuen und ganzen Menschen verlangt, dass auch der Schatten, »das bisher Verstoßene und Abgelehnte schrittweise bewusst integriert wird« (Zacharias 195). Die Liturgie muss daher auch dem Dunklen Raum geben, damit der Mensch sich mit seinem Schatten aussöhnen kann. Nur so »kann unsere zerrissene und blutende Welt geheilt werden. Im Kultus vermag diese Integration, diese Wandlung zu geschehen« (ebd. 195). Zacharias sieht in der Kniebeuge »eine Kontaktnahme mit den chthonischen Mächten« (194). Rosenberg meint, das Dunkle und Böse habe seinen Platz unter den Füßen Christi, der den Drachen tritt. Und er bedauert, dass der moderne Kult eine Art von Lichtinflation sei. »Das Dunkle wird nicht mehr kommemoriert – und es scheint, als ob wir ohne den descensus ad inferos und ohne Auferstehung gleich in den Himmel fliegen könnten. Da aber dem nicht so ist, sollte das Bild des Dunklen an seinem Orte – unter den Füßen Christi – als besiegt im Kulte erscheinen« (ebd. 204).

Manche fragen heute besorgt, ob unsere Liturgie noch wandelnde Kraft habe. Sie sei zu sehr Wortgottesdienst, Belehrung geworden. Das Moment der Bewegung, die Einbeziehung des Leibes, das Symbol, die Feier, all diese wandelnden Elemente treten in den Hintergrund. Es wäre unsere Aufgabe in der Seelsorge, die Liturgie so zu gestalten, dass sie wieder wandeln kann. Dabei geht es nicht nur um äußere Formen, sondern auch um das Verständnis dessen, was geschieht. Wir müssten uns immer wieder neu bewusst machen, wie jede Gebärde wandelt. Unsere jungen Mitbrüder beobachten interessiert die alten Mönche und fragen sich, was etwa die tägliche Verbeugung vor der Marienstatue über Jahrzehnte hinweg in ihnen verwandelt habe. Sie glauben, dass da etwas geschehen muss, wenn einer Tag für Tag auf seinem Weg in die Kirche an der Marienstatue vorbeigeht und sich verbeugt. Da geschieht sicher ein Stück Integration der anima. Das kann man nicht einfach nur so tun. Oder wie weit verwandelt der sonntägliche Gottesdienst eine Familie, die sich miteinander auf den Weg macht, um sich gemeinsam eine Stunde lang Gott auszusetzen? Wie weit verwandeln die Wallfahrten, die Prozessionen, die Andachten die Teilnehmer? Natürlich geschieht die Wandlung nicht immer sichtbar. Aber unter der Oberfläche unseres äußeren Verhaltens vollzieht sich unmerklich eine Wandlung, die irgendwann einmal auch nach außen hin sichtbar wird, wenn wir von einem Menschen sagen, er habe sich verwandelt, es sei eine neue Qualität in ihm sichtbar geworden. Uns Mönche wandelt das Stundengebet, zu dem wir viermal am Tag zusammenkommen, und die tägliche Eucharistiefeier, in der wir immer wieder unser Leben mit seinen inneren und äußeren Konflikten auf den Altar legen, damit Gott es mit Brot und Wein verwandle und transparent mache für den göttlichen Geist.

Zwei Elemente sind es vor allem, die eine verwandelnde Liturgie braucht: das Bild und die Gebärde. Schon für Paulus geschah die Verwandlung des Menschen in das Bild Jesu Christi durch das Schauen. In der Liturgie schauen wir auf den Ritus, auf die Gebärden, auf die Bilder, die uns vor Augen geführt werden. In der Ostkirche hat die Ikone einen wesentlichen Platz in der Liturgie. Vor ihr verbeugt sich der Gläubige und setzt sich ihr aus, damit sie ihn verwandle. Wir brauchen in der Liturgie also immer wieder Bilder, vor denen wir betrachtend innehalten, Bilder an den Wänden der Kirche oder auch innere Bilder, wie sie uns die Bibel vorstellt. Und wir brauchen die immer wiederkehrende Gebärde, die verwandelnde Kraft hat. Schon die einfachen Gebärden der Kniebeuge oder des Sichbekreuzigens wandeln. Doch es braucht noch mehr Raum für die immer gleiche Gebärde, etwa die Prozession oder den liturgischen Tanz, der durch die Wiederholung der gleichen Schritte ein typischer Wandlungsweg sein will.

Geistliches Leben ist keine Leistung, die wir zu vollbringen haben, sondern ein innerer Weg, der uns mehr und mehr wandeln möchte. Im geistlichen Leben lasse ich mich auf den Gott des Lebens ein, der sein göttliches Leben in mir durch viele Wandlungen hindurch entfalten will. Die innere Wandlung vollzieht sich spiralförmig, so ähnlich wie die Labyrinthe in den mittelalterlichen Kirchen es darstellen. Es ist keine Einbahnstraße, auf der ich immer weiter voranschreite, sondern ein spiralförmiges Gehen, bei dem ich scheinbar immer wieder zum Ausgangspunkt zurückkomme, um mit neuer Kraft weiter zu gehen. Jesus hat den Prozess des inneren Wandels in einigen Gleichnissen beschrieben. Da ist das Gleichnis vom Senfkorn, das langsam emporwächst zu einem Baum. Lange merken wir nichts von der Verwandlung. Aber auf einmal sind wir für andere zu einem Baum geworden, an den sie sich anlehnen, unter dessen Schatten sie Geborgenheit erfahren und in dessen Zweigen sie vergnügt leben können. Jesus vergleicht unser Leben aus dem Glauben auch mit einer Frau, die einen Trog Mehl mit Sauerteig durchmengt, bis alles durchsäuert ist. So will der Geist Gottes das Mehl unseres Lebens mehr und mehr durchdringen, bis auf einmal alles durchsäuert, verwandelt ist.

Der biblische Ausdruck für die Wandlung des Menschen ist der der metanoia, der Umkehr, der Bekehrung. Das griechische Wort *metanoia* meint ein Umdenken. Indem ich anders denke, mein Denken in eine andere Richtung lenke, wandelt sich meine ganze Existenz. Durch ein neues Denken wird auch der Mensch neu. Umkehren hat einen Weg vor Augen, auf dem ich umkehre, einen andern Weg einschlage, eine Wendung mache, mich wende. Wenden ist ja die Urwurzel von Wandlung. Sich wenden, seinem Leben eine Wendung geben, das wandelt den Menschen. Die Umkehr setzt voraus, dass ich einen falschen

Weg gegangen bin. Oft ist der Irrweg oder Umweg die Bedingung für wirkliche Wandlung. Der Weg der Wandlung des Christen ist also kein geradliniger, stetig ansteigender, er kennt viele Windungen, kennt Aufstiege und Abstürze, kennt Fortschritt und Rückschläge. Wer näher zusieht, der wird finden, wie in diesem Prozess der Wandlung auch der Sünde eine besondere Funktion zukommt. Sie kann zum Antrieb werden, sodass der Mensch sich auf den Weg zu Gott macht. Sie kann den Menschen aus seiner falschen Sicherheit herausstoßen und ihn zur heilsamen Erkenntnis der Wahrheit über sich selbst führen, ihm die Illusionen zerstören, die er über sich selbst gemacht hat und in ihm einen echten Hunger nach dem wahren Gute, das er verlassen hat, wecken« (Breucha 73). Wenn ich umkehren will, muss ich erst den Irrweg anschauen und annehmen, den ich gegangen bin. Ich muss mich aussöhnen mit meiner Sünde, dann kann sie verwandelt werden in eine *felix culpa*, die das Exsultet an Ostern besingt.

Der Wandlungsweg des geistlichen Lebens geht vor allem über das Gebet und die Meditation. In der Meditation, so wie sie die frühen Mönche verstehen, geht es nicht darum, über ein Wort aus der Schrift nachzudenken, sondern sich durch das Wort mehr und mehr verwandeln zu lassen. Indem ich mir immer wieder ein Wort aus der Schrift vorsage und es mit dem Atem verbinde, verwandelt Gott selbst mich durch sein Wort, in dem er gegenwärtig und wirksam ist. Das Wort ist für die Alten nie nur Träger von Informationen, sondern immer auch von Kraft. Es ist immer ein wirkmächtiges Wort, das Gott zu uns spricht. Indem wir das Wort meditieren, lassen wir Gott selbst an uns wirken. Das Wort bewirkt, was es besagt. Es ist wie ein zweischneidiges Schwert, das die inneren Knoten in uns entzweischlägt. In ihm verwandelt Gott selber unser Denken. Er ermöglicht ein neues Denken, ein Umdenken, eine *metanoia*. Das Wort, das wir meditieren, ist wie das Wasser, das der Löwe im Mär-

chen dem blinden Königssohn auf die Augen spritzt. Es schenkt dem Königssohn eine neue Sichtweise. Jetzt erlebt er alles anders, jetzt erkennt er in allem Gottes weise Führung. Die Worte, die ich meditiere, wollen mich mehr und mehr verwandeln, damit Gottes Geist mein Denken bestimmt.
Die Worte, die ich meditiere, wollen aber nicht nur mein Denken verwandeln, sondern den ganzen Menschen mit Leib und Seele. Die Verwandlung will auch das Unbewusste erreichen. Der Weg zu dieser Verwandlung in der Tiefe der Seele geht über die ständige Wiederholung des Wortes, die im Rhythmus des Atems geschieht und meinen Geist mehr und mehr an das Wort binden soll. Indem ich meinen Geist an das Wort binde, trägt mich das Wort in tiefere Schichten des Bewusstseins, tiefer als das diskursive Denken, tiefer auch als das Fühlen und Schauen. Das Wort führt mich bis zum Grund meiner Seele, bis zur innersten Seelenspitze. Das Wort, so sagt Isaak von Ninive, schließt mir die Türe auf zum wortlosen Geheimnis Gottes, zu dem Raum der Stille, in dem Gott in mir wohnt und in dem ich eins werden darf mit Gott selbst. Das ist das Ziel aller Verwandlung, eins zu werden mit Gott, in Gott hinein verwandelt zu werden. Für Paulus ist es das Ziel unseres geistlichen Weges, in das Bild Christi verwandelt zu werden. Der konkrete Weg der Verwandlung in das Bild Christi war für die Mönche seit jeher das Jesusgebet: »Herr Jesus Christus, Sohn Gottes, erbarme dich meiner!« Wenn ich dieses Wort immer wieder im Rhythmus des Atems bete, dann wird das Bild Christi mehr und mehr in mir Gestalt annehmen. Im Jesusgebet sahen die Mönche die Zusammenfassung des Evangeliums. Wenn ich es lange genug meditiere, werde ich immer tiefer vom Geist des Evangeliums durchdrungen und verwandelt. In der Meditation des Jesusgebetes erfahre ich Erlösung. Da darf ich den Geist Christi spüren, der mich in sein Bild verwandelt. Dann muss ich Jesus nicht mehr von außen nachfolgen, indem ich mich vom Willen her

zwinge, seine Gebote zu halten, vielmehr wird sein Geist in mir sein und mehr und mehr auch mein Denken und Tun verwandeln. Natürlich geht dieser Verwandlungsweg des Gebetes nicht von selbst. Entscheidend ist, dass ich das Wort in meine Wirklichkeit hineinhalte, dass ich die beiden Pole miteinander verbinde: das Wort Gottes und meine Gefühle und Bedürfnisse, meine Leidenschaften und Emotionen. Nur dann kann sich etwas wandeln. Auch hier ist es der Gegensatz, der wandelt, der Gegensatz zwischen dem Wort Gottes und meinen inneren Worten, die mich sonst bestimmen.

Die Wandlung des Menschen auf dem geistlichen Weg vollzieht sich oft unmerklich und still. Der Prozess der Wandlung ist ganz bestimmten Wachstumsprozessen unterworfen. Es ist der Prozess, dem jedes Leben unterworfen ist. »Leben kann man nicht machen, es entsteht durch eine Geburt – das Leben kann man nicht zwingen, man kann und muss ihm dienen und ihm dienend zu seiner Entfaltung helfen« (Breucha 68). Die Wandlung braucht den Raum der Stille. »Was wächst, macht nicht viel Lärm.« Die Stille ist der mütterliche Raum, in dem ein Mensch immer wieder neu geboren werden will. Das Geheimnis dieser Neugeburt feiern wir an Weihnachten. Der Introitus vom Sonntag in der Weihnachtsoktav spricht von dem tiefen Schweigen, das alles umfangen hielt. Mitten in diesem Schweigen kam das allmächtige Wort Gottes in unsere Welt. Wir können es nur aufnehmen, wenn wir uns dem Schweigen stellen. Gott kann in uns nur geboren werden, wenn es in uns still wird. Der Raum der Stille in uns ist für die Mystiker der Ort der Gottesgeburt. Gottesgeburt ist das tiefste Symbol der Verwandlung, die Gott uns zugedacht hat. Wenn Gott in uns geboren wird, dann wird alles neu, dann fangen die Dornen an, Rosen zu tragen, dann wird der Fels zur Quelle strömenden Wassers, die Wüste wird erblühen und unsere Dunkelheit hell.

Alle Meditation will uns in die Stille führen, in der Gott in uns geboren werden möchte. Wenn Gott im Menschen geboren wird, dann wird er in seinem tiefsten Wesen verwandelt. Da schafft Gott selbst die Verwandlung, nach der sich die Menschen seit jeher sehnen, die Verwandlung zum göttlichen Leben. Das preisen die Kirchenväter immer wieder in ihren Predigten. So sagt Augustinus: »Gott ist Mensch geworden, um den Menschen zu vergöttlichen« (Lektionar I,1 157). Und Athanasius: »Aus dem sterblichen Leib wurde ein unsterblicher; er war ein irdischer Leib und wurde ein überirdischer; er war aus Erde gemacht und durfte dennoch das Tor des Himmels durchschreiten (Lektionar II,1 157). Inkarnation und Auferstehung sind die beiden Urbilder von Verwandlung, nach der wir streben und die zugleich Gottes Werk an uns sind. In der Menschwerdung seines Sohnes und in seiner Auferstehung hat er den Menschen von Grund auf verwandelt, da hat er Irdisches und Himmlisches, Tod und Leben, Himmel und Erde miteinander verbunden. Der geistliche Weg, den wir in Gebet und Meditation, in Askese und Liturgie gehen, zielt auf die Verwandlung unseres Leibes und unserer Seele, unserer Gedanken und Gefühle, unserer Leidenschaften und Bedürfnisse, des Bewussten und des Unbewussten in uns. Die Verwandlung geschieht – wie in der Inkarnation – indem Gott sein göttliches Leben uns einstiftet, und – wie in der Auferstehung – indem Gott uns befreit aus der Macht des Todes und der Sünde und uns hineinführt in die Weite und Freiheit seines göttlichen Lebens. Paulus beschreibt diese Verwandlung im 1. Korintherbrief: »Dieses Vergängliche muss sich mit Unvergänglichkeit bekleiden und dieses Sterbliche mit Unsterblichkeit. Wenn sich aber dieses Vergängliche mit Unvergänglichkeit bekleidet und dieses Sterbliche mit Unsterblichkeit, dann erfüllt sich das Wort der Schrift: Verschlungen ist der Tod vom Sieg. Tod, wo ist dein Sieg? Tod, wo ist dein Stachel?« (1 Kor 15,53–55).

Nicht nur, was ich selbst im geistlichen Leben übe, verwandelt, sondern vor allem, was ich erleide. Tiefe Verwandlung geschieht immer dann, wenn ich selbst ohnmächtig bin, wenn ich nichts mehr tun kann, sondern einfach aushalten muss, was mir widerfährt. Was Gnade ist und wie Gnade mich verwandeln kann, das erkenne ich erst, wenn ich nicht mehr weiter kann, wenn ich hilflos am Boden liege und eingestehen muss, dass ich mich nie ändern und verbessern werde, dass ich von mir aus nie mein Leben an Gott ausrichten werde. Die Erfahrung der Ohnmacht ist die Voraussetzung meiner tiefsten Verwandlung. Wenn ich Gott meine leeren Hände hinhalte, kann er sie füllen. Dann werde ich geistliches Leben nicht mehr als meine eigene Leistung verstehen, sondern als das Wirken Gottes an mir. Nicht mein Tun wandelt mich, sondern Gott verwandelt mich, wenn ich mit meinem Tun an eine Grenze komme. Ich kann z.B. noch so sehr versuchen, in meinem geistlichen Leben Barmherzigkeit einzuüben. Wahrhaft barmherzig werde ich erst, wenn mich die Trauer über meine eigene Schuld bewegt, wenn ich schmerzlich mit meinem eigenen Versagen konfrontiert werde. Die Erfahrung meiner Schuld und meines Angewiesenseins auf Gottes Barmherzigkeit verwandelt mein Herz, sodass es von selbst barmherzig wird. Das Erleben und Erleiden bewirkt mehr als das Wollen.

Die Trauer über den Verlust eines lieben Menschen bringt in mir etwas in Bewegung. Sie erschüttert meine vermeintliche Sicherheit und zwingt mich, in tiefere Dimensionen des Lebens vorzudringen. Im Prozess der Trauer werde ich mit meiner eigenen Einsamkeit und mit meinem eigenen Sterbenmüssen konfrontiert. Ich denke nicht bloß theoretisch darüber nach, sondern werde mit meinem Herzen darauf gestoßen. Und tief in meinem Herzen vollzieht sich eine Wandlung, die durch Worte allein nicht bewirkt werden könnte. Die Erfahrung wandelt mich.

In jedem Leid, das uns widerfährt, steckt immer auch die Chance der Verwandlung. Natürlich verwandelt das Leid nicht automatisch. Es kann mich auch bitter machen und mich in mir selbst verschließen. Aber wenn ich mich dem Leid stelle, das Gott mir zumutet, und es vor Gott aushalte, dann kann es mich im Tiefsten wandeln, dann kann es mich mit neuen Qualitäten meiner Seele in Berührung bringen, die mir sonst verschüttet sind. Margit Erni, die ein Buch über das Leid als Chance geschrieben hat, fasst ihre Erfahrung des Leids so zusammen: »Im Leid ... wandelt sich unser Menschsein: Wir werden in mancher Beziehung sensibler, vermögen uns besser einzufühlen; manche kleinliche Maßstäbe entfallen uns wie von selbst ... Das Leid hat manche Fesseln gesprengt: Wir fühlen uns freier und mutiger« (Erni 1560).

Ein vorzüglicher Ort der Verwandlung kann auch die Krankheit sein. In der Krankheit reagiert mein Leib auf die Erfahrungen meines Lebens, auf meine Enttäuschungen, meinen Ärger, meine Überforderung. Die Krankheit zwingt mich, mein Lebenskonzept zu überprüfen, mich zu fragen, wo ich an der Wahrheit vorbeilebe. Die Krankheit kann mich in die Wahrheit führen. Aber die Krankheit hat nicht nur mit meiner Psyche zu tun. Sie deckt nicht nur auf, was in mir verdrängt und in den Schatten abgeschoben wurde. Sie kann in sich auch ein Wandlungsgeschehen sein, ganz gleich, ob sie meine Seele ausdrückt oder ob sie als Schicksalskrankheit von außen auf mich zugekommen ist. Die Krankheit kann der bellende Hund sein, mit dem ich ins Gespräch kommen muss, damit er mich zum Schatz führt, der in mir verborgen liegt. Sie kann mich in Berührung bringen mit meiner tiefsten Wahrheit, mit dem, was den Wert meines Lebens letztlich ausmacht. Die Krankheit muss nicht in erster Linie bekämpft werden, sondern sie will befragt werden, was sie mir sagen und wohin sie mich führen will. Wenn ich mich mit meiner Krankheit aussöhne, kann sie in mir einen

Wandlungsprozess hervorrufen, an dessen Ende der geläuterte und befreite, der erlöste und heile, der barmherzige und liebende Mensch stehen wird.

Teilhard de Chardin hat immer wieder von der verwandelnden Kraft der Krankheit geschrieben. Im Vorwort zur Lebensbeschreibung seiner Schwester, die zeit ihres Lebens ans Krankenbett gefesselt war, schreibt er: »Marguerite, meine Schwester, während ich, den positiven Kräften des Universums geweiht, Kontinente und Meere durchlief, leidenschaftlich damit beschäftigt, alle Farbtöne aus der Erde aufsteigen zu sehen, hast du, unbeweglich ausgestreckt, schweigend in der innersten Tiefe deiner selbst die schlimmsten Schatten der Welt in Licht verwandelt. Sag mir, wer von uns beiden wird in den Augen des Schöpfers den besseren Teil erhalten haben?« (Teilhard 7, 125).

Teilhard betrachtet das Leid als den großen Prozentsatz an Misserfolg, mit dem jeder Fortschritt bezahlt wird. »Kein Fortschritt im Sein ohne einen geheimnisvollen Tribut an Tränen, Blut und Sünde. Es ist folglich nicht erstaunlich, wenn um uns herum gewisse Schatten dunkler werden, während gleichzeitig das Licht wächst« (7, 124). Und er meint, durch das Christentum sei ein neues Verständnis des Leidens aufgetaucht, das Leiden als Ausdruck der Liebe und als Prinzip der Vereinigung: »Das zunächst als Gegner, den es zu vernichten gilt, behandelte Leiden; das kraftvoll bis zum Schluss bekämpfte Leiden; und doch zugleich das mit dem Geist und dem Herzen in dem Maße empfangene Leiden, wie es, indem es uns unserem Egoismus entreißt und unsere Sünden kompensiert, fähig ist, uns auf Gott zu überzentrieren. Ja, – das dunkle und abstoßende Leiden selbst für den demütigsten Patienten erhoben zum höchst aktiven Prinzip universeller Vermenschlichung und Vergöttlichung: so zeigt sich auf ihrem Gipfel die wunderbare geistige, aus dem Kreuz geborene Energetik« (7, 127).

Das Leiden verwandelt nach Teilhard Materie in Geist, Schatten in Licht, Hartes in formbares Leben. Das Leiden ist genauso wichtig für den Transformationsprozess der Welt wie unsere Aktivität, wie unsere Liebe zum Kosmos, wie unser Einsatz für die Evolution und Konvergenz der Welt. Doch damit das Leid eines Menschen verwandelnde Kraft hat, braucht es die Gemeinschaft im Leiden, braucht es das Miteinander. Andere Menschen müssen miterleben, wie das Leiden einen Menschen verwandelt hat, wie es sein Gesicht verklärt, wie es eine tiefe Gelassenheit in ihm erzeugt, ein starkes Vertrauen auf den Gott, der auch in der Krankheit und im Tod bei ihm ist. Um die verwandelnde Kraft des Leidens auch für eine Pfarrgemeinde wirksam werden zu lassen, muss das Leid aus der Vereinsamung und Verdrängung befreit werden. Es braucht die Öffentlichkeit, die Solidarität, das Begleiten, das Anschauen, das Zur-Sprache-Bringen.

Wandlungserfahrungen sind all die Krisen, die wir durchzustehen haben und die unser gewohntes Lebenskonzept durcheinander bringen. Da sind die Krisen an den Wendepunkten des Lebens, die Krise der Pubertät, die Krise der Lebensmitte, die Krise im Pensionierungsalter, die Krise der letzten Krankheit. Jedes Mal will Gott in so einer Krise eine innere Wandlung bewirken. Aber viele Menschen wehren sich gegen die Veränderung. Sie bleiben die alten. Aber wie C.G. Jung sagt, dann wird ihr Leben fad, abgestanden, langweilig, unfruchtbar. Um lebendig zu bleiben, müssen wir uns immer wieder wandeln. Und jede Wandlung hat mit Sterben und Loslassen zu tun. In jeder Wandlung geschieht Geburt und Sterben zugleich. Das Neue kann nur geboren werden, wenn Altes abstirbt und losgelassen wird. Wenn wir träumen, dass wir sterben, ist das immer ein Bild dafür, dass in uns etwas sterben muss, damit wir neu geboren werden können.

Nicht nur Krankheit und Leid, nicht nur Krisen wandeln den Menschen, sondern das ganze Leben ist ein einziger Wandlungsprozess. Jedes Erleben verwandelt uns. Alles, was uns widerfährt, alles, was uns berührt und was wir berühren, bewirkt etwas in uns und ruft etwas in uns hervor. Die Freude, die wir spüren, wandelt uns. Der Rausch, die Ekstase, die Lust, die Entgrenzung, all das hat wandelnde Kraft. Das dionysische Prinzip, das sich darin äußert, ist von jeher als Wandlungsprinzip verstanden worden. Dionysos ist bei den Griechen der Gott der Verwandlung. Oft genug verwandelt das Leben von allein, ohne dass man sieht, dass der Einzelne etwas dazu getan hat. Wenn z.B. ein Lehrer lange genug seine Paukerseite gelebt hat, dann kann es sein, dass das Harte und Aggressive sich in ihm erschöpft und auf einmal der Gegenpol des Weichen und Freundlichen hervortritt. Jedes Feuer brennt einmal aus. Wird eine Wut lange genug gelebt, verwandelt sie sich von selbst in Gefühle von Mitleid und Güte. Bei manchen Menschen hat es auch keinen Zweck, sie zu korrigieren und zu reglementieren. Sie müssen eine Zeit lang einen Pol ausleben, bis der Gegenpol zum Vorschein kommt. Da müssen wir einfach darauf vertrauen, dass das Leben von alleine den Menschen wandelt. Wandlung lässt sich nicht machen. Das Leben geht oft ganz andere Wege. Da lebt einer lange Zeit ganz und gar nicht nach den Normen der Kirche. Und auf einmal wandelt er sich, auf einmal bekommt er innerlich Geschmack am geistlichen Leben. Es ist immer ein Geheimnis der Wandlung, das wir dankbar bestaunen dürfen. Wir möchten es oft genug mit eigenen Mitteln hervorrufen. Doch das gelingt nicht immer, weder bei uns selbst noch bei andern. Auch wenn wir uns noch so sehr disziplinieren, können wir die Verwandlung unserer Wut oder unserer Sexualität nicht bewirken. Das heißt nicht, dass wir von vorneherein die Disziplin beiseite lassen müssen. Doch ob sich unsere Leidenschaften wandeln oder nicht, hängt nicht allein von unserer Anstrengung ab. Sie ist letztlich immer auch das Werk Gottes, ohne dass wir seine Wirkungsweise verstehen können.

Diese Sicht des Lebens relativiert unser Tun und unsere Anstrengungen. Was wir tun können, ist doch immer recht gering. Und doch sollen wir – so meint Benedikt – die Werkzeuge der geistlichen Kunst getreu üben, damit Gott unser Leben mehr und mehr verwandelt, bis sein Wort an uns wahr wird: »Was kein Auge gesehen und kein Ohr gehört hat: das Große, das Gott denen bereitet hat, die ihn lieben« (RB 4,77). Es ist eine Sichtweise, die uns bei all unserem geistlichen Tun doch Gelassenheit und Sanftmut schenkt, die uns befreit von allem übertriebenen Eifern, die uns unser Vertrauen auf Gott setzen lässt, der mit oder ohne Zutun unser Leben in seiner Tiefe wandelt, durch Erfahrungen von Liebe und Freude, von Leid und Schmerz, von Gelingen und Misslingen, von Stärke und Schwäche, von Geburt und Sterben.

Die tiefste Verwandlung, die uns erwartet, wird der Tod sein. Da wird unser irdisches Leben in göttliches Leben verwandelt, da werden wir in das Bild Jesu Christi verwandelt, wie uns Paulus verheißt. Und im Tod verdichtet sich die Erfahrung unseres Lebens, dass wir selbst diese Verwandlung nicht bewirken können, dass wir uns ganz und gar dem verwandelnden Gott überlassen müssen. Wenn wir alles aus der Hand geben, dann wird seine Hand uns neu formen. Wenn wir uns ihm übergeben, wird er uns einen neuen Menschen zurückgeben, den Menschen, der von seiner liebenden Hand neu geformt und geschaffen wird. Und ob wir viel oder wenig Verwandlung in unserem Leben erfahren haben, im Tod wird alles in uns hineingenommen in die verwandelnde Kraft Gottes. Die Kirchenväter haben diese Verwandlung mit dem Bild des Feuers verglichen. Alles, was in uns noch gegen Gott steht, wird im Feuer der göttlichen Liebe verwandelt, sodass wir ganz und gar eins werden können mit dem dreifaltigen Gott. Auch im Tod geschieht unsere Verwandlung durch die Begegnung. Im Tod werden wir Gott begegnen, wie er wahrhaft ist, ohne den Schleier, der uns hier von ihm trennt.

Und indem wir Gott in seiner Wahrheit begegnen, werden wir auch uns so begegnen, wie wir wirklich sind. Die Begegnung mit dem liebenden Gott wird uns verwandeln, durch Gottes liebenden Blick werden wir in sein eigenes Bild verwandelt. Was wir hier im Schauen auf die Ikone Christi anfanghaft erleben durften, das geschieht im Tod offen. Da wird uns das liebende Angesicht Jesu Christi so klar erscheinen, dass es sein Bild in uns einformt. Dann kommen all die Wandlungen unseres Lebens zum Ziel, dann vollzieht sich die große Verwandlung in Gott hinein, nach der wir uns ein Leben lang gesehnt haben. Dann können wir mit Paulus sprechen: »Unsere Heimat aber ist im Himmel. Von dorther erwarten wir auch Jesus Christus, den Herrn, als Retter, der unseren armseligen Leib verwandeln wird in die Gestalt seines verherrlichten Leibes, in der Kraft, mit der er sich alles unterwerfen kann« (Phil 3,20f).

SCHLUSS

Wir sind dem Geheimnis der Verwandlung in unserem Leben nachgegangen. Vielleicht wurde deutlich, dass die Wandlung ein numinoses Geschehen ist, ein Wunder, das Gott immer wieder an uns wirkt. Wandlung und Verwandlung begegnen uns überall. Die Dichter künden uns von der Verwandlung des Menschen, die Märchen erzählen davon, die Bibel sieht darin einen Grundbegriff für das Wirken Gottes. Dieses Buch konnte nur andeuten, wie fruchtbar es für die Seelsorge wäre, wenn sie dem Geheimnis der Verwandlung neue Aufmerksamkeit schenken würde. Der Seelsorger und die Seelsorgerin haben die wunderbare Aufgabe, Menschen auf ihrem Wandlungsweg zu begleiten, die Verwandlung zu beobachten und zu deuten, sie in Gang zu bringen, wenn sie stockt, und die Menschen immer wieder für das Geheimnis der Verwandlung sensibel zu machen, das Gott in ihnen wirkt, in ihren Gedanken und Gefühlen, in ihren Träumen und in ihrem Leib, in ihren Beziehungen und in ihrer Arbeit, in der Liturgie, im geistlichen Leben, im Leid und in allem, was dem Menschen widerfährt. Seelsorge soll den Menschen für Gott öffnen, damit Gott sein Werk der Verwandlung vollziehen kann. Und sie soll den Menschen Mut machen, dass sie alles, was in ihnen ist, Gott hinhalten. Nur so kann Gott alles verwandeln und in ihren Leidenschaften, in ihren Träumen und in ihrem Leib das Bild Jesu Christi mehr und mehr Gestalt werden lassen. In der Seelsorge dürfen wir staunend und dankbar mit ansehen, wie Gott Menschen durch alles, was ihnen widerfährt und was in ihnen selbst geschieht, in das Bild seines Sohnes verwandelt. Und ab und zu dürfen wir spüren, dass Menschen durch die Begegnung mit uns, durch ein Gespräch, durch einen Gottesdienst, durch einen gemeinsamen Weg, Verwandlung erfahren, dass Gott durch uns Verwandlung wirkt.

LITERATUR

Behm, Johannes, metamorphoo, in: Theol. Wörterb. z. NT, Bd. 4, 762–765.

Breucha, Hermann, Die Wandlung im Leben des Christen, in: Bitter, Wilhelm (Hg.), Die Wandlung des Menschen in Seelsorge und Psychotherapie, Göttingen 1956, 64–76.

Chardin, Pierre Teilhard de, Die lebendige Macht der Evolution, Werke 7. Band, Olten 1967.

Dürckheim, Graf Karlfried von, Die Erfahrung des Wesens als Voraussetzung menschlicher Wandlung, in: Bitter, Wilhelm (Hg.), Die Wandlung des Menschen in Seelsorge und Psychotherapie, Göttingen 1956, 301–321.

Ders., Der Leib in der Psychotherapie, Stuttgart 1968.

Ders., Meditieren – wozu und wie?, Freiburg 1976.

Ders., Überweltliches Leben in der Welt. Der Sinn der Mündigkeit, Weilheim 1968.

Erni, Margit, Leid als Chance, Olten 1991.

Fadiman, James, Der transpersonale Standpunkt, in: Walsh, Roger N. u. Vaighan, Frances (Hg.), Psychologie in der Wende, Bern 1985, 194–201.

Franz, Marie-Louise von, Erlösungsmotive im Märchen, München 1986.

Jellouschek, Hans, Die Froschprinzessin: wie ein Mann zur Liebe findet, Zürich 1989.

Jung, Carl Gustav, Gesammelte Werke, V. Band, Symbole der Wandlung, Olten 1973.

Ders., Gesammelte Werke, VIII. Band, Die Dynamik des Unbewussten, Zürich 1967.

Ders., Gesammelte Werke, IX. Band, Erster Halbband, Die Archetypen und das kollektive Unbewusste, Olten 1976.

Ders., Gesammelte Werke, XI. Band, Zur Psychologie westlicher und östlicher Religion, Zürich 1963.

Klauck, Hans-Josef, 2. Korintherbrief, Würzburg 1986.

Laiblin, Wilhelm, Symbolik der Wandlung im Märchen, in: Bitter, Wilhelm (Hg.), Die Wandlung des Menschen in Seelsorge und Psychotherapie, Göttingen 1956, 276–300.

Ders., Wachstum und Wandlung. Zur Phänomenologie und Symbolik menschlicher Reifung, Darmstadt 1974.

Lektionar zum Stundenbuch, Freiburg 1978ff.

Remmler, Helmut, Der Königssohn, der sich vor nichts fürchtet, Zürich 1984.

Rohr, Richard / Ebert, Andreas, Das Enneagramm. Die 9 Gesichter der Seele, München 1989.

Rosenberg, Alfons, Wandlung der Persönlichkeit. Christliche Symbole der Wandlung, in: Bitter, Wilhelm (Hg.), Die Wandlung des Menschen in Seelsorge und Psychotherapie, Göttingen 1956, 77–94.
Tresmontant, Claude, Einführung in das Denken Teilhard de Chardins, Freiburg 1961.
Siems, Martin, Dein Körper weiß die Antwort. Focusing als Methode der Selbsterfahrung, Hamburg 1986.
Zacharias, Gerhard P., Wandlung im Kultus, in: Bitter, Wilhelm (Hg.), Die Wandlung des Menschen in Seelsorge und Psychotherapie, Göttingen 1956, 183–196.